ダイアローグ スマート

肝心なときに本音で話し合える 対話の技術

ケリー・パターソン，ジョセフ・グレニー，
ロン・マクミラン，アル・スウィツラー［著］
本多佳苗，千田 彰［訳］

幻冬舎
ルネッサンス

序文

「これこそが突破口だ」。原稿を読み終えたとき、私はそう確信した。本書のメッセージが先行き不透明な現代社会にとっての、極めてタイムリーで新鮮なアイデアに満ちていたからである。さらに読み込んでみると、内容の奥深さが次第に見えてきた。本書が教えているのは重要な局面でいかに考え、いかに話すべきかという会話のスキルなのだが、それは一朝一夕に生まれたものではない。四人の著者が数十年かけて集めたぼう大なデータを、繰り返し検証することによって生み出された理論に基づいている。

自分自身のこれまでを振り返ってみても、人生には、その後の方向性や仕事のゆくえを決めてしまう瞬間というものがあると思う。それらはほとんどの場合、大切な人や重要な利害関係者と、昂った気持ちで、あるいは難問に直面した緊迫感の中で話しているとき訪れる。その瞬間、私たちは数ある選択肢から、どれか一つを選び取るのだ。

偉大な歴史家アーノルド・トインビーはかつてこう言った。「社会であれ組織や個人であれ、およそ人類の歴史は、一言に集約できる」。その一言とは、「成功ほど失敗するものはない」である。何かに挑戦したとき、自分の行動が目標に合っていれば成功する。だが、挑戦するレベルが上がれば、前にやったこと、つまり一度成功したことはもはや通用しない。だから失敗する。つまり「成功ほど失敗するものはない」のである。

現代社会で暮らす私たちが人生で、あるいは家庭や組織の中で立ち向かうチャレンジは様変わりした。世界は、恐るべきスピードで変化し続けている。テクノロジーがもたらした驚異は、相互の依存度をますます高めると同時に、私たちが感じるストレスやプレッシャーを飛躍的に増大させた。今、社会には緊張感が増えている。私たちに何よりも求められるのは、現代の問題への対処であり、そのための能力獲得である。それには人間関係を育む能力や、問題解決能力が不可欠となってくる。

現代のチャレンジへの処方箋は、全員が「私のやり方」を主張し合うやり方からは見つからない。「私たちのやり方」を模索することから見出されるものであり、相乗効果を生み出すものでなくてはならない。全員の力を集結して得られる成果は、単純な足し算による総和以上に大きくなる。そこからより良い人間関係、より良い結論、実行しようとする決意の強さも生まれてくる。

本書を読むと、筆者らが「緊迫した会話」と呼ぶ重要かつ難しい会話が、人間や人間関係のあり方を大きく変えることが分かる。というのも、「緊迫した会話」を通して、仏教で言う「中道」にあたる、高い次元での絆が生まれるからである。中道は、二つの対極的な考え方が単純に歩み寄っただけの妥協点ではない。高い次元に存在する中空の点、すなわち三角形の頂点とでも言うべきものである。

中道を見出せるような正真正銘の話し合いからは、強い絆が生まれる。子供が生まれて、家族や夫婦の間に絆が生まれるのと同じである。力を合わせて何かをやり遂げたとき、私たちは強い絆を感じる。絆で結ばれている人のことは、その人がいないところでも裏切らない。たとえ自分以外の全員がその人を批判したとしても、集団の圧力に屈服することがない。

本書はこの点を見事な手法で段階的に掘り下げている。本を手に取った人は初めに、「ダイアローグ」の驚くべき力を理解する。次に、自分が求めているものをはっきりさせてから会話の状況を分析すること、誰もが安心して会話できる環境を整えること、自分をよりよく理解し、自覚することを学ぶ。最後の段階では、相互の理解を深め、相乗効果を生み出す方法を学ぶ。この段階に到達すると、誰もが話し合いの結果を心から受け入れられるし、主体的に行動しようと決意できる。簡単にまとめるなら、自分の考え方や感じ方を改めるところから、適切なスキルを身につけて使うまで、と言えるだろう。

私は長年にわたって同様のテーマの著作活動や講演をしている。だからこの分野のことは熟知しているはずなのに、本書を読んで新たな活力があふれてきた。新しい知識、新しい見方、今まで気づかなかった応用法、知識と理解の広がり。これらのおかげで気持ちが高揚したのである。難しい会話のときに本書のスキルと理論を組み合わせて使うと、素晴らしい効果が得られることも分かった。

重要で難しい「緊迫した会話」で、いつもの話し方や間違った話し方をしてしまい、話をこじれさせたり、相手をかたくなにさせてしまったりなど、失敗した経験が誰にでもあるだろう。本書はそのように、これまで行き詰ってきた難しい会話を新たな方向に切り開く突破口となるだろう。重要なのはその突破口を、相手と協力して模索する点にある。

初めてこの本に触れたとき、私の心には喜びがあふれてきた。四人の著者はいずれも、私の親友であり同僚である。彼らはそれぞれの経験と専門家としての体験をもとに、途方もなく重要なテーマについて記してくれたが、それだけではない。解説にはユーモアがあふれ、モデル図によってたいへん分かりやすくなっている。面白さと、誰もが納得できる社会常識がつまった、実用性の高い内容である。考える知性（ＩＱ）と感じる知性（ＥＱ）を効果的に融合して、緊迫した会話にうまく対処する方法がわかる。

私は、ある緊迫した会話のことを覚えている。これは著者の一人が大学生だったときに教授だった私と交わした会話だ。私は、この学生が不真面目で才能を無駄にしているように思えてならなかった。後に私の友人となったこの学生は、こんこんと注意する私の話をじっと聞いていた。私が話し終えると、まず話を復唱し、自分の潜在能力を認めてくれたことに礼を述べた。それから微笑んで、穏やかにこう言ったのだ。

「私には優先したいことがありまして、それに取り組んでいるのです。今は先生の授業がピッタリ来ないんです。分かっていただけるとありがたいのですが」

私はと言えばすっかり面食らってしまったが、学生の話に耳を傾け始めた。やがてダイアローグが始まり、今まで知らなかったことを分かり合うことができて、私たちは深い絆で結ばれた。

四人の著者は、素晴らしい人間であると同時に、非凡な教師でありコンサルタントである。講演会で魔法のような力を発揮する彼らの姿を、幾度となく目撃してきた。とはいえ、彼らがダイアローグという複雑なテーマを本にまとめるという話を聞いたとき、そんなことが可能なのかといぶかしく感じたものである。しかし、彼らは見事にやってのけた。皆さんには、ぜひ本書の内容を深く味わっていただきたい。各章ごとに立ち止まって、何がどのようにつながっているのか熟考されることをお薦めする。読んだ内容を実際に試してみて、終わったら再び本書に戻ってみる。そしてまた試す。頭でわかっていても実行しないのは、何も知らないのと同じことなのだ。この点をぜひ心にとどめていただきたい。

本書が言う重要だが難しい「緊迫した会話」には、著者たちの深い洞察が凝縮されている。私は、ロバート・フロストの美しく心に沁みる詩の一節に同じ洞察を見出した。きっと皆さんにもそう思っていただけるのではないだろうか。

戻れない道

紅葉の森の中で道が二つに分かれた
残念だが両方を旅することはできなかった
私はただ一人、長い間佇んでいた
一方の道がはるか遠く
藪の中に消えていくところまで見つめながら

長い、長い歳月が過ぎたある日
ため息とともにきっと話すだろう

森の中で道が二つに分かれ
そして私は……旅人の少ない道を選んだ
それがすべてを変えたのだと

ダイアローグスマート

肝心なときに本音で話し合える対話の技術

目次

序文……3

第1章 緊迫した会話とは何か、それがなぜ重要か……23
ふだん私たちは、どのように緊迫した会話を進めているだろうか?……26
最悪の行動……27
よくある緊迫した会話……32
会話のスキルが人生を変える……34
キャリア・アップする……35
組織を強くする……36
より良い人間関係を築く……39
健康を増進する……40
まとめ……42

第2章 会話の達人になる——ダイアローグの驚くべき力……43
驚くべき発見……45
たったひとつの「何か」……48
これがダイアローグだ……49
共有の思いのプールを満たす……49
ダイアローグ・スキルは学習可能だ……55
これから学ぶこと……56

第3章

自分から始める――欲しいものに集中する 59
自分から始めないとどうなるのか 60
相手を非難することの無意味さ 62
自己の内面を見つめ直す 63
成功と失敗を分ける決定的瞬間 64
自己防衛は愚かな選択 66
最初にすること――自分が本当に欲しいものに集中する 67
考えを集中させる 70
自分の置かれた場所を理解する 72
自分の身体に指令する 73
よくある失敗 73
勝とうとする 74
報復しようとする 75
面倒に巻き込まれるのを避ける 76
二番目にすること――愚かな選択を避ける 76
二つの浅はかな選択肢 78
変化を受け入れる 79
両立させる可能性を探す 80
ダイアローグに不可能はない 82
まとめ――自分から始める 84
自分から始める 84
自分が本当に欲しいものに集中する 84
愚かな選択を避ける 85

第4章　状況を見る——安心の揺らぎに気づく　87

状況をよく見る　90
緊迫した会話を見つけ出す　91
安心を揺るがす問題に注意する　93
沈黙と暴力　96
沈黙の三パターン　96
暴力の三パターン　99
ストレス時のスタイルに注意する　102
注意を怠らずに自己観察する　103
ストレス時のスタイル・テスト　105
テストの方法　105
ストレス時のスタイルの集計　110
スコアからわかること　112

第5章　安心させる——何でも話せるようにする　115

本題から離れる。安心させる。本題に戻る　117
共通の目的を探す　120
そもそもなぜ話すのか？　120
共通の目的が揺らいでいる兆しに注意する　122
共通の目的は共有されてこそ価値がある　122
相互性を探す　123
相互の敬意　125

尊敬できない相手にも敬意を払えるか？……126
本題から離れて何をするのか……129
必要なら謝る……132
コントラスト化で誤解を訂正する……133
やってみる……140
共通の目的に到達するためのＣＲＩＢ……143
第一ステップ― 共通の目的を見出すことに決意する（Commit）……145
第二ステップ― 手段の奥にある目的を理解する（Recognize）……146
第三ステップ― 共通の目的を創り出す（Invent）……148
第四ステップ― 新たな手段をブレインストームする（Brainstorm）……149
共通の目的に到達するためのＣＲＩＢ……149
安心できる会話とは……152
まとめ ―― 安心させる……158
本題から離れる……158
安心のどの部分が揺らいでいるのか見分ける……158
必要なら謝る……158
コントラスト化で誤解を訂正する……159
共通の目的に到達するためのＣＲＩＢを使う……159

第6章 ストーリーを創る――感情に流されずにダイアローグを続ける

……161
あいつが私を苛つかせる！……162
感情は自然発生しない……163
マリアのストーリー……164
何がマリアを怒らせているのか……165

ストーリーが感情を生み出す 168
自分がストーリーを創る 170
ストーリーをコントロールするためのスキル 173
プロセスを逆さにたどる 174
三つのこじつけのストーリーに注意する 180
なぜこじつけのストーリーを創るのか 185
新しいストーリーを創る 190
マリアの新しいストーリー 195
まとめ――ストーリーを創る 198
自分の行動へのプロセスを逆さにたどる 198
新しいストーリーを創る 199

第7章 プロセスを告げる――摩擦を起こさずに説得する 201

トラブルになりかねない思いを共有する 203
安心を保つ 204
おやすみと、さようなら 206
プロセスを告げる 209
「何をするか」のスキル 211
プロセスを告げる第一のスキル――Share：事実を共有する 211
プロセスを告げる第二のスキル――Tell：自分のストーリーを話す 216
プロセスを告げる第三のスキル――Ask：相手のプロセスを尋ねる 220
「どのように」のスキル 221
プロセスを告げる第四のスキル――Talk：仮説として話す 221

プロセスを告げる第五のスキル ― Encourage：チャレンジを奨める 225
浮気の問題に戻ると 227
強い確信と柔軟なアプローチ 229
どうしてこうなるのだろうか 231
どうしたら変えられるだろうか 232
まとめ ―― プロセスを告げる 234

第8章 プロセスを引き出す――激怒する相手、だんまりを決め込む相手から聴き出す

第8章 プロセスを引き出す――激怒する相手、だんまりを決め込む相手から聴き出す 237
プロセスを引き出すスキル 239
自分から始める 聴く準備をする 240
行動へのプロセスを逆さにたどるように相手に奨める 244
パワーアップする 246
四つの強力なリスニング・スキル：AMPP 247
Ask：質問して前に進める 248
Mirror：ミラーリングで感情を確認する 249
Paraphrase：言い換えでストーリーを確認する 251
Prime：それでもだめなら呼び水を注ぐ 253
相手が間違っているときはどうすればいいのか 255
緊迫した状況でプロセスを引き出すには 256
ようやく聞き出した話への三つの対応 260
Agree：賛成する 260
Build：展開する 261
Compare：比較する 263
まとめ ―― プロセスを引き出す 264

第9章　行動につなぐ――緊迫した会話を行動と結果に結びつける

行動につなぐ――緊迫した会話を行動と結果に結びつける……267
ダイアローグは意思決定ではない……269
あらかじめ決定方法を決める……270
四つの決定方法……273
命令……273
相談……274
多数決……275
コンセンサス……275
どのように選択するか……276
四つの主要な質問……276
意思決定のよくある間違いと解決策……278
命令の適切な使い方……278
相談するときにすべきこと、すべきでないこと……279
良い多数決を行う……281
コンセンサスの過程を楽しむ……282
時間にゆとりがない場合のアドバイス……286
任務を分担する――意思決定を行動に移す……287
誰が……287
何を……288
どのようにフォローアップするか……290
結果を文書化する……291
まとめ――行動につなぐ……292
決定方法を決める……292
明確な終わり方をする……293

第10章 全てをまとめる——準備と学習のツール …… 295
二つのてこ …… 296
状況を見る …… 297
安心させる …… 298
ダイアローグのモデル …… 299
緊迫した会話の準備をする …… 305
現実の場面で応用するには …… 308
あなたの緊迫した会話 …… 308
自分から始める …… 309
状況を見る …… 309
安心させる …… 310
ストーリーを創る …… 310
プロセスを告げる …… 311
プロセスを引き出す …… 312
プロセスを引き出す …… 313
行動につなぐ …… 314
まとめ —— 現実の場面で応用する …… 315

第11章 難しいケースの実践的アドバイス …… 317
セクハラなどの嫌がらせ …… 319
危険な落とし穴 …… 319　解決策 …… 320
過敏に反応する夫や妻 …… 321

危険な落とし穴…322　解決策…322
約束を守らないメンバー……324
危険な落とし穴…324　解決策…324
上司のご機嫌伺いをする部下……326
危険な落とし穴…326　解決策…328
信用できない相手……329
危険な落とし穴…329　解決策…330
真剣な話し合いをしようとしない……331
危険な落とし穴…331　解決策…332
さりげないことだがイライラする……334
危険な落とし穴…334　解決策…335
自発的に取り組まない……336
危険な落とし穴…336　解決策…336
同じ問題を繰り返してしまう……338
危険な落とし穴…338　解決策…339
なかなか怒りがおさまらない……340
危険な落とし穴…340　解決策…341
言い訳を延々と続ける……342
危険な落とし穴…342　解決策…343
度を過ぎた反抗的な態度と失礼な行動……344
危険な落とし穴…344　解決策…345
ひどい発言をしたことが悔やまれる……345
危険な落とし穴…346　解決策…346

個人的な問題で話しにくい……347
危険な落とし穴…348　解決策…348
屁理屈をこねる……349
危険な落とし穴…349　解決策…350
報告してくれない……351
危険な落とし穴…351　解決策…352
ルールを何一つ守らない……352
危険な落とし穴…353　解決策…353

第12章　人生を変える――着想を習慣化する

人生を変える――着想を習慣化する……355
緊迫した会話は突然始まる……356
感情が理性を失わせる……358
惰性に流される……359
変わるチャンスはあるのか……361
自己改革の秘訣……362
内容をマスターする……364
スキルをマスターする……365
強い動機を持つ……367
合図を見逃さない……372
あとがき……374
謝辞……378

装　丁　山内宏一郎（SAIWAI design）
編集協力　青龍堂
組　版　井上雅恵

第1章
緊迫した会話とは何か、それがなぜ重要か

コミュニケーションがうまくいかなくてできてしまったお互いの溝は、あっという間に毒に満ちた言葉と愚痴と嘘で満たされる。

――Ｃ・ノースコート・パーキンソン

「緊迫した会話」と聞いて多くの人がイメージするのは、大統領や首相といった人たちがどっしりとしたテーブルを囲んで、世界の将来について議論するような場面かもしれない。そうした議論は、極めて重大な影響を我々にもたらすからだ。しかし、本書で取り上げるのは

そんな特別な人たちの会話ではない。ここでいう緊迫した会話とは、日常生活で誰もが経験し、それによって私たちの人生に影響が及ぶ重要な会話のことである。

まず、緊迫した会話が普通の会話とどう違うのか説明しよう。

第一に、緊迫した会話では**意見が対立している**。たとえば、自分の昇進について上司と話をしているときを考えてみよう。上司は昇進はまだ早すぎると考えているが、あなたはもうその時期だと思っているような場合である。

第二に、**大きな利害が関係している**。たとえばあなたが、四人の同僚と新しいマーケティング戦略についてミーティングをしていて、これまでと同じ戦略では会社が今期目標を達成するのが難しいと考えているような場合だ。

第三に、**感情が昂っている**。夫婦でいつものように話をしていたら、突然相手から責められたときなどがそうだ。妻は、町内会で行われた懇親会であなたが誰かといちゃついていたばかりでなく、あからさまにそれを見せつけていたという。あなたには誰ともいちゃついた記憶はない。しかし妻は怒って部屋を出て行った。あなたは懇親会の様子に思いをめぐらす。「そういえば、懇親会では気まぐれで派手好きな隣の奥さんと話したなぁ。初めは『この頃、何か良くないことがあるとそれがひどく気にかかるんです』なんて話しかけてきたのに、突然『あなたの家で建てているフェンスのことですが……』と言い始めて、フェンスをどこに建てるかっていう話になってしまった。信じられないことに、たった三インチのことでもう少しこっちだのあっちだのって大騒ぎされた。おまけに裁判に訴えると脅されたから、『あんた、イカれてるんじゃないの！』と声に出してしまった。お互いすっかり感情的になってたな……」

これらの会話は、たんに難しくて不愉快になるとか、恐ろしい、イライラするというだけではすまない。会話の結果が人生の質を大きく左右する。どの例を取ってみても、あなたの日常生活の何かが永久に変化してしまう。昇進するかどうかは紛れもなく重大事だし、会社の業績の良し悪しはあなたにも同僚にも大きな影響を与える。夫や妻との関係は人生のあらゆる側面に影を落とすし、境界線はどこかという些細な議論で、隣人との関係は一変してしまう。それに、取るに足らない会話だからといい加減に対応していると、本当に大切な会話のときも同じように対応する癖がついてしまう。

本書で言う緊迫した会話とは、重要だが扱いが難しい厄介なテーマについての会話である。人間は、自分が不利になったり状況をこじらせるかもしれないと不安になると、本能的に難しい会話を避けようとする。しかもそうするのがとても得意だ。直接向き合って率直に話し合うべきときに、同僚は電子メールを送ってくるし、上司はボイスメールで部下にミーティングをしたいと伝える。微妙な話になると家族は話題を変えてしまう。筆者たちの友人には、妻が離婚したがっていることを留守録のメッセージで知った男性がいた。人間はややこしい話を避けようとして、ありとあらゆる手段を考え出す。

だがいつも避けて通る必要はない。対処の仕方さえ知っていれば、話題が何であってもきちんと会話できるようになる。

緊迫した会話　複数の人による会話で、1大きい利害関係、2対立する意見、3強い感情、が介在するもの。

▼ふだん私たちは、どのように緊迫した会話を進めているだろうか？

今まさに緊迫した会話の途中（あるいはこれから始めるところ）だとしても、必ずしも厄介なことになるわけではないし、失敗してしまうわけでもない。なぜならば、緊迫した会話には次の三つの処理の仕方があるからだ。

・避ける
・向き合って不適切に処理する
・向き合って適切に処理する

これほどわかりやすいものはない。緊迫した会話を避けて後でその代償を払うか、不適切に処理して代償を払うか、あるいは適切に処理するのか、だけである。選択肢がこの三つなら、適切に処理したいと思うのは当然ではないだろうか。

▼最悪の行動

しかし、適切に処理することは可能なのだろうか。話が難しい局面にさしかかったときに、一呼吸置いて、「この話は緊迫した会話である。適切に進めよう」と考えたことなど、あなたにはあるだろうか。あったとして、最高の会話ができただろうか。ときにはまぐれあたりの大成功を収めても、たいていは可もなく不可もなく終わっているのではないだろうか。そもそも、緊迫した会話を避けていないだろうか。

緊迫した会話が始まっているのに気づかずに、最悪の行動を取ってしまうことも多い。後で後悔するようなことを言ったり、黙り込んだりしてしまうのだ。ここぞという重要な会話であればあるほど、私たちの行動は最悪のものになりがちだ。

それはなぜだろうか。

①取るべくして最悪の行動を取ってしまう　何気ない会話が、緊迫した会話へと変化した瞬間に、きしみ始めることがある。それは、感情に邪魔されて効果的な会話が、できなくなるからだ。私たちはそういうとき、乱暴な態度で戦うか、全速力で逃げようとするばかりで、言葉を尽くして説得したり、親身な態度をとったりしない。それは、長い進化の過程で培われた遺伝子の仕組みのせいである。

たとえばある典型的な場面を考えてみよう。誰かがあなたにとって非常に重要な発言をしたとする。あなたはその意見に大反対で、髪の毛が逆立っている。しかもあなたの体に起きる変化はそれだけではない。腎臓の近くにある副腎からアドレナリンが放出され、血管を通じて体の中を駆けめぐる。この反応は意志とは無関係に引き起こされるため、あなたにはどうすることもできない。

アドレナリンの影響によって、あなたの脳は知的活動の優先度を下げ、一方、殴る、走るなどの身体活動が重要だと判断する。すると、腕や脚などの大きな筋肉に血液が送り込まれて、脳への血流は減少してしまう。その結果、大切な会話と直面した肝心なときに、あなたの脳はサルの脳と大差ない状態に陥ってしまう。

②プレッシャーにさらされている　さらに別の要素が追い討ちをかける。ほとんどの緊迫した会話は、思ってもいないときに突然始まる。何の準備もないまま、複雑なやり取りをリアルタイムにこなさなくてはならない。その場には、参考書もないしコーチもいない。休憩時間にコンサルタントからアドバイスしてもらうこともできない。

緊迫した会話は進行中で、相手は目の前にいる。しかもあなたの脳は戦うか逃げるかの準備をしている。そのときは大真面目でも、後から自分の言動を振り返ってみて、自分が愚かに思えるのは当たり前だ。戦うか逃げるかの準備で手一杯の脳に複数の仕事をさせていたのだから、脳卒中を起こさないのが不思議なくらいだ。

③途方に暮れてしまう　さらに状況を複雑にする事情がある。すぐれたコミュニケーショ

ンの模範を実際に見たことがないので、何をどうしたらいいかわからない。思いつくままにやってみることしかできないのだ。仮に緊迫した会話が予想できて、あらかじめ練習したとしても、やはり失敗の可能性がある。何の練習が必要なのかを知らないと適切な練習ができないからだ。

難しい会話がうまく処理されるところを見る機会は多くない。逆に、周囲を見回せば、絶対にやってはいけない会話の実例は容易に見つかる。

④自滅的な行動をする　アドレナリンのせいで知的活動が停滞していると、自分で自分の首を絞める行動をしてしまう。直面する事態を処理するために選択した方法が、逆に自分が本当に求めるものを得るうえで妨害になる。じつは敵は自分自身だというのに、それに気づかない。その理由はこうだ。

たとえば、大切な彼が最近素っ気ないとしよう。彼が仕事で忙しいのはわかっているが、あなたはもっと一緒に過ごしたい。そのことを何気なくほのめかしたが、相手の反応は今ひとつだった。あなたはこれ以上相手にプレッシャーを感じさせるのは良くないと考え、口をつぐんでしまう。といってもこの成り行きに満足しているわけではないから、何かの拍子に嫌味で不満を漏らす。

「今日もまた遅いの？　そこまでするほどお金が必要ってわけ？」

不幸なことに、あなたが嫌味と中傷を繰り返すほど、相手はあなたと一緒にいるのが嫌になる。一緒に過ごす時間が短くなると、あなたの不満はさらにつのる。あなたの行動が、あなたのいちばん望まない状況を生み出してしまう。自滅的な悪循環だ。

別の例として、ルームメートとのいさかいはどうだろうか。ルームメートのテリーが、何の断りもなく他のルームメートの服を無断で持ち出して自慢しているとしよう。あるときなど、全員のクローゼットから一つずつ借りたと屈託もなく喋りながら部屋を出て行った。たしかにテイラーのズボンとスコットのシャツ、クリスのお揃いの靴とソックスが目に入った。僕のものは何を持ち出したんだろうとあなたは心配になる。

あなたはテリーの悪口を言う。まずいことにある日、あなたがいつものように陰口をきいているのをテリーに聞かれたので、それ以来テリーを避けている。今ではテリーはあなたがいない間にあなたの服を持ち出し、食べ物に手をつけ、コンピュータまで使っている。問題は悪化しているのだ。

さらに別の例をあげてみよう。あなたがどうしようもなくだらしない同僚と机を並べて仕事をしているとする。あなたは神経質なほどきれい好きだ。同僚はあなたにメモを残すとき、油でベトベトした手で鉛筆を使う。フライドポテトの袋にケチャップで書くこともあるし、デスクマットに油性のペンで書いたりもする。一方あなたは、メモであってもポストイットにワープロ書きするような性分だ。

最初はお互いに寛大に見ていたが、やがて相手が鼻につくようになってきた。あなたは同僚に掃除しろとうるさく注文するようになった。同僚はうるさく言われることに文句を言うようになった。互いに相手に反発しあっている。あなたが文句を言えば、相手は不機嫌になり掃除をしない。相手から「融通のきかない石頭」と呼ばれるたびに、あなたはこんな下品で不潔な奴には絶対に屈服しないと決心する。

その結果、あなたは以前より一層清潔を心がけ、同僚のデスクは今にも保健所の退去命令が出そうなありさまだ。双方が強く攻撃すればするほど、ますます互いに相手に嫌われる行動を取るようになる。自滅的な悪循環である。

▼よくある緊迫した会話

いずれの例をとっても、状況は不健全かつ自滅的だ。意見が対立していて、感情的になっている。実際、感情が昂るにつれてお互い一歩も引けなくなり、人間関係の悪化から人生を左右する結果を招いてしまうケースもある。それくらいリスクは高いのだ。

緊迫した会話を不適切に処理したり避けたりしたせいで、きわめて深刻な問題を引き起こした例は数多く、またどんなテーマでも起こり得る。

・相手に付き合うのをやめたいと言う
・いつも攻撃的な同僚や言い寄ってくる同僚と話す
・友人に貸したお金を返してもらう
・上司の行動について意見を言う
・自分で決めた安全基準や品質基準を守らない上司と話す
・同僚の仕事の悪いところを本人に指摘する
・ルームメートにアパートから出て行って欲しいと言う
・離婚した夫／妻と子供の養育権や面会の問題を話し合う
・約束を守らないチームメンバーと話す
・性生活の話をする

・愛する相手の暴力について話をする
・情報やデータを独り占めする同僚と話をする
・義理の両親に干渉をやめてくれるように頼む
・不潔な同僚と清潔を保つことを話す

▼会話のスキルが人生を変える

筆者たちの研究によれば、固い絆で結ばれた人間関係を築ける人、しっかりしたキャリアを持つ人、強い組織やコミュニティには、共通した特徴がある。それは、大きな利害関係や感情の昂り、対立した意見があるときでも、率直に話す能力があることだ。逆に言えば、難しい会話を健全に進める能力があれば、人間関係も仕事もうまくいく。おおげさに聞こえるかもしれないが、実際その通りなのだ。適切な会話のスキルを身につければ明日から役に立つ。また、その効果はあなたのキャリアだけでなく、健康増進や組織作りにまで及ぶ。その理由を述べよう。

▼キャリア・アップする

緊迫した会話を巧みに進める能力は、キャリア・アップに役立つだろうか。答えはイエスだ。二五年間に二万人、数百に上る組織を対象にした研究で、それが明らかになった。組織の中で影響力を持ち、結果を出すだけでなく、人間関係を築き、それを活かせる人とは、緊迫した会話を適切に進められる人なのである。

仕事のできる人は、自分の将来に傷をつけることなく上司に反論する方法をわきまえているものだ。一方世間には、上司に反論したために自分の将来を台無しにしてしまう人もいる。もしかしたらあなた自身もそんな経験の持ち主かもしれない。際限なく続けられる上司の不愉快な行動に耐えかねてついに声を上げたところ、少しばかり乱暴すぎたりしたのかもしれない。また、問題をこれ以上放置するわけにはいかない、自分が何か言わなくてはと決意したのかもしれない。上司の愚かな行動を止めるには誰かが勇気を出さなくてはならないのだから！

だが、正直な話し方と上司の機嫌を損ねない話し方を天秤にかける必要はない。日ごろから緊迫した会話を適切に進めている人の場合、相手が話を受け入れやすいように気を配って話すので、上司や同僚、部下たちが反発したり怒ったりすることがない。

▼組織を強くする

個人のキャリアが会話ひとつで左右されるとなると、組織はどうなるのだろうか。他人に対する話し方などという捉えどころのないものが、明確な数字で表される業績に影響を及ぼすことなどありえようか。筆者たちは二五年間、まさにこの点を研究してきた。組織の成功の鍵を探し出そうとしたのだ。

この難題に取り組む研究者たちは、すべからく組織の成功は企業戦略や組織構造やシステムに起因すると考えている。業界最高の生産性は、何をおいても業績管理から生まれるものと相場が決まっているではないか、芸術的なまでに美しい業績管理なくして生産性を語れようか、というわけだ。少なくとも私たちが知っている企業はすべて、まず業績管理の方法を大幅に手直しした。

私たちも、気の利いた業績管理のシステムに膨大な投資をしている組織の研究を続けていた。ところがやがて、自分たちが決定的な間違いを犯していることに気づいた。たとえば驚異的な生産性を誇る五百社を対象にした研究では、高い業績は、業務手順や会社方針など、業績管理のあり方とまったく無関係だったのだ。実際、調査対象になった企業の約半数では、正式な業績管理のプロセスなど存在しなかった。

では彼らの成功の裏には何があるのだろうか。答えは緊迫した会話がいかに進められているかに集約される。悪い組織であれば結果を出せない人は初めのうちは無視され、やがて異動させられる。優秀な組織なら上司が問題を解決する。生産性の高い企業では、誰かが不適切な行動をすると、別の誰かが躊躇することなく指摘する。しかも大変、効果的なやり方で行う。最高の組織では役職とは無関係に、皆が互いにアカウンタビリティ（行動と結果に対する責任）を果たす。高い生産性を実現する鍵は、無機質な管理システムではなく、組織のあらゆるレベルで交わされる会話の質だった。

最高の組織は、会話を通して効果的に問題解決するスキルを備えていると言うことができる。例をあげてみよう。

安全性　誰かがルールを守らないとき、あるいは危険な行動をしたときには、その人の役職にかかわらず最初に気づいた人が直接その人と問題について話し合う。

生産性　従業員が業績を上げない、約束を守らない、責任を果たしていない、十分な結果を出していないといった場合、迷惑を受けた人やグループが直ちに問題を指摘する。

多様性　攻撃、脅し、侮辱、いじめを受けたと感じた人は、相手に対して直接、臆することなく話をする。

品質　品質が勝負の企業では、問題が起きたそのときに、当事者同士が話し合う。

その他　変革、チームワーク、組織改革など、人間関係の良し悪しが鍵となる分野で傑出している企業は、緊迫した会話を適切に進めている。

めざましい躍進を続ける企業と、ごく普通の企業には、一見何の違いもない。どちらも従業員の気づきを促すトレーニングを実施し、標語やスローガンを掲げ、講演会を開く。両者の違いは、間違いを犯した人を見つけたときの対処法にある。優れた組織では、新しい経営方針が打ち出されたり、リーダーが問題を正すのを待つまでもなく、関係する当事者同士が率直に話し合って問題を解決する。間違いを犯したのがリーダーだとしても例外ではない。部下たちが率先して問題解決に取り組み、解決後は元通りの業務に戻る。

▼より良い人間関係を築く

緊迫した会話が人間関係に及ぼす影響の大きさを考えてみてほしい。カップルが別れる理由を尋ねれば、たいていの人は意見の違いだと答えるだろう。お金の使い方や性生活、子供の育て方にいたるまで、人にはそれぞれの意見があるものだ。だから、大切な問題であればあるほど意見は食い違う。それなのに別れる人とそうでない人がいる。違いは、自分の意見をどのように主張するか、である。

クリフォード・ノタリウスとハワード・マークマン（二人は結婚を専門とする学者である）は、激論を交わしているカップルを対象に調査をした。その結果、人は三つのカテゴリーに分類できることが判明した。相手を威嚇し悪者呼ばわりするグループ、怒って黙りこむグループ、そしてオープンかつ正直に、効果的な会話をするグループである。

何十組ものカップルを観察した後、二人はカップルの将来を予測し、その後二十年に及ぶ追跡調査を行った。その結果、じつに90％の確率で離婚するカップルを予測できたのである。利害関係があって意見が対立しており、しかも感情的な状況においても正直に、かつ相手への尊敬を忘れることなく話し合えるカップルは離婚に至らない。逆にそれができないカップルは別れてしまったのである。

▼健康を増進する

緊迫した会話がいかに重要かという点について、まだ納得できない読者がいるだろうか。それでは、大きな利害関係のからんだ会話を適切に進められるかどうかが、健康や寿命にまで影響を与えるとしたらどうだろう。

まず**免疫系**について、ジャニス・キーコルト－グレーサー博士とロナルド・グレーサー博士による研究で驚くべき結果が出た。彼らは結婚後平均四二年経過した夫婦の免疫系を研究し、つねに口論が絶えない夫婦と、意見の違いをうまく乗り越える夫婦の比較をした。研究によって明らかになったのは、緊迫した会話にいつも失敗している夫婦の免疫系は、上手な夫婦のそれよりもはるかに弱いことだった。言うまでもなく、免疫系が弱ければ健康状態も悪くなる。

生死に関わる病気のときにはさらに深刻だ。悪性メラノーマ（皮膚がんの一種である黒色腫）の患者について、通常の治療を施した後で二つのグループに分けた研究が行われた。片方のグループには毎週一回ずつ、六週連続して集まってもらい、自分の意見を効果的に表現するコミュニケーションのスキルを教えた。もう一方のグループには何も教えなかった。

その後の五年間、患者たちは一度も顔を合わせなかったが、コミュニケーションのスキルを学んだ患者たちは、そうでなかったグループの患者たちよりも高い生存率を示した。トレーニングを受けたグループの死亡率が9%だったのに対し、受けなかったグループでは30%にも達したのだ。この数字が意味するところは、自分の思いを伝え、他人と心を通い合わせる能力をわずかばかり改善するだけで、死亡率が三分の一に減少したということである。

難しい会話を適切に進める能力と健康が密接に関連することは、今日では多くの事実によって証明されていて、いくらでも証拠を挙げることができる。それにもかかわらず、「ちょっと待ってくれ。話をするかしないかが健康に影響を与えるっていうのか。そんなことで死んでしまうことがあるだと？」と、信じられない気持ちでいる人々は大勢いる。

正確に言うならば、不健全な衝突を繰り返してマイナスの感情を溜め込み、心の痛みを抱え込むことになって、やがて健康が蝕まれてしまう。そこまででなくとも、大なり小なり悪影響がもたらされる。会話がうまくいかないと幸せな気持ちにはならないし、健康にもなれないのである。

▼まとめ

大きな利害関係や意見の対立、強い感情が存在すると、何気ない会話が緊迫した会話に変化する。皮肉なことに、その会話が重要であればあるほど、上手に進めることが難しい。緊迫した会話を避けたり、不適切に扱ったりすると、キャリア、組織の運営、人間関係、健康など、人生の幅広い側面に影響する可能性があるのだ。

緊迫した会話にどのように向き合うかを学び、適切に進めるためのスキルを身につければ、あらゆる局面で大いに役に立つ。そのスキルとは何なのか、緊迫した会話を上手に進めることができる人は、何をどうしているのか、そして何よりも、それは誰にでもできることなのか、話を先に進めよう。

第2章 会話の達人になる——ダイアローグの驚くべき力

長い棒があれば、てこの原理で世界を動かしてみせよう。

——アルキメデス

筆者たちはこれまで、緊迫した会話のことだけを考えてきたわけではない。優れた結果を出す組織や個人を研究対象としていたものの、本当のところ、私たちの研究は別のテーマから始まっていた。ずば抜けて高い業績をあげている人々について研究し、彼らの行動をそっくりコピーして他の人に教えることができないか、と考えていたのである。

まずさまざまな組織や職場で、最も高い業績を出している同僚は誰だと思うか、という質問を投げかけていった。この調査は二十五年間、総計二万人を対象として行われ、集めた回答を分析し、他の人とくらべて圧倒的な影響力を持つ人物を探し出した。

集められた名前をリストにまとめていくと、あるパターンが浮かび上がってきた。そのひとつは、二～三人の同僚が名前をあげる人だ。ときには、五～六人の同僚が名前をあげる人々もいた。彼らは影響力からすると優秀であるといえるが、誰の目から見てもトップ・パフォーマーと呼ぶには物足りない。ところがそれとは別に、三十人あるいはそれ以上の同僚から名前を挙げられている人々がいた。彼らは明らかに最高のパフォーマーと呼ぶにふさわしく、職場におけるオピニオン・リーダーだった。その中には管理職の人もいたが、多くはそうではなかった。

オピニオン・リーダーの中でとりわけ私たちの関心を引いたのがケビンだった。彼はある会社の八人の副社長のうちのひとりで、同僚から並外れた影響力を持っていると評価された。私たちはその理由を突き止めるために、職場での彼を観察し始めた。

しばらくの間、ケビンの行動はごく普通だった。というよりも、他の副社長ととくに違う様子はなかった。電話を取ったり、部下と話をしたりと、人当たりの良いごく普通の仕事振りだった。

▼驚くべき発見

ケビンの観察を始めて一週間ほどたったとき、私たちは、ケビンは本当に他の人と異なるのだろうかと疑い始めていた。彼は影響力があるのではなく、単に人気があるだけなのではないか、と。そんなある日、ケビンが出席する会議を観察していた。

会議では、社長とケビンを含めた副社長たちが参加して、本社の移転先を話し合っていた。同じ市内で移転するか、他の州へ移転するか、あるいは他の国へ移転するのか。まず初めに、二人の副社長が考えを述べ、彼らが考える候補地の説明をした。参加者全員から厳しい質問が飛んだ。一点の曖昧さや甘さも見逃されず、徹底的に検討された。

そこへ突然、社長のクリスが口を挟んだ。支持者が少ないばかりか重大な問題がある候補地を支持すると発言したのだ。副社長たちは異を唱えようとするが、クリスは素っ気ない。強大な権力者の例にもれず、クリスは、いともたやすく物事を自分の意のままにできた。論争をけしかける必要などない。初めに眉をピクリと動かし、さらに指を持ち上げ、その後声をほんの少し大きくするだけでいい。まもなくその場で質問をする者は誰もいなくなり、無言のうちにクリスの意見が受け入れられることとなった。

いや、受け入れられたように見えた。ケビンが話し始めるその瞬間までは。それはこんな一言だった。

「クリス、少し確認したいことがあるのですが、よろしいですか？」

副社長たちは凍りついた。息さえ止めてしまったかのようだった。しかしケビンは彼らの様子など意にも介さず、そのまま言葉を続けた。彼の話の趣旨は、社長が自分から提案した意思決定のルールを無視しているように見える、社長は自分の権力を使ってさりげなく、自分の出身地に本社を移転しようとしている、というものだった。

続けてケビンは、たった今、目にしたことを説明した。微妙に緊迫した空気の中で、ケビンが数分間にわたる話を終えた後、クリスはしばらく沈黙していたが、やがて頷きながら言ったのだ。

「君の言う通りだ。自分の意見を押しつけそうになっていたよ。もう一度やり直そう」

まさしく緊迫した会話だった。しかし、ケビンは同僚たちのように黙り込んだりしなかったし、だからといって自分の意見を押し込もうともしなかった。結果的に経営陣は適切な移転先を決定することができたし、社長はケビンの率直さに感謝することになった。

会議が終わると、副社長の一人が私たちのほうを振り返って言った。

「見たか？　ケビンがどうやって結果を出すのか知りたければ、彼が今したことを研究すればいいいんだよ」

私たちはその言葉に従った。その後二十五年を費やして、ケビンやケビンのような人々の行動を研究し続けてきたのだ。彼らに共通する際立った特徴とは、緊迫した会話を取り扱う能力に尽きる。話が難しい局面にさしかかり、大きな利害関係が介在しているときに、ずば抜けた能力を発揮するのだ。いったいどんな方法を使っているのだろうか。ケビンはごく普通の人だった。たしかにチームの賢明な意思決定を可能にしたが、具体的に何をしたのだろう。彼のスキルは他の人も学習によって身につけられるようなものなのだろうか？　それとも生まれつき備わっている類まれな能力なのだろうか？

ケビンがしたことを突き止めれば、我々が求めているものへのヒントが得られるに違いない。私たちも同じスキルを応用することができるだろう。

▼たったひとつの「何か」

リスクが大きく、論争になっていたり感情的になったりしている場面で、適切に会話を進め、うまくまとめあげるのに必要なスキルとは何か。それはすべての関連情報を（関係者全員から）上手に引き出す能力である。

ただそれだけだ。会話が成功するときは、必ずその場にいる人々の本音が自由に行き交う状態になっている。皆が正直かつオープンに意見を述べ、自分の気持ちや考えを説明する。自分の意見が論議を呼んだり不評を買ったりすることがわかっていても、進んで、しかも上手に自分の考えを話す。これこそケビンや彼のように卓越して優れた人間は何をしているのか、という疑問への答えである。

これからは、皆の思いが自由に行き交うような会話を「ダイアローグ」と呼ぶことにしよう。

▼これがダイアローグだ

ダイアローグのスキルを身につけるためには、二つのことがわかってなければいけない。まず、思いが自由に行き交うことが、なぜ仕事や人生の成功につながるのかということ。次に、どうすれば思いが自由に行き交う状態を作れるのかということである。

この章では、思いが自由に行き交うことと仕事や人生で成功することの関係について説明しよう。第3章以降で、二つ目の質問、どうすればダイアローグができるのか、について答えていく。

▼共有の思いのプールを満たす

私たちは人と話すとき、会話のテーマに応じて自分なりの意見や感情、見解を持っている。こうした思考や感情の組み合わせが、個人の「思いのプール」を形作っている。じつは、この思いのプールは私たちの情報源であると同時に行動への原動力でもある。

複数の人が緊迫した会話をしているとき、参加者は同じ思いのプールを共有しているわけではない。自分と相手とで意見が対立しているとき、自分が信じていることを相手は信じていない。自分には自分の経験があり、相手には自分とは異なる経験があるから、互いに意見や感情が違っている。

ダイアローグに長けた人は、誰もが自由に自分の思いを打ち明けることで、バラバラな個々人の思いをひとつの思いのプールに蓄積し、共有できるように努力する。論争を呼びそうな意見、間違った見解、対立する信念であったとしても、精一杯努力して全員が安心して思いを表現できるようにする。自由に思いを注ぐとはいっても、お互いの全てに同意し合うということではない。全力を尽くして個人の思いを共有のプールに蓄積してゆくことだ。

共有の思いのプールは、グループのＩＱ（考える知性）に相当するのだ。共有の思いのプールが大きければ大きいほど、グループとして正しい決定が可能になる。その過程に関与する人が増え、ダイアローグに費やす時間が増えても、オープンで率直な意見交換ができさえすれば、かけた時間に見合うだけの質の高い意思決定がなされる。

一方で筆者たちは、共有の思いのプールが危険なまでに浅いとどうなるかも何度となく見てきた。関係者が意図的に自分の思いを隠していると、優秀なメンバーで構成されたチームであっても、集団としては極めて愚かな決定をしてしまう。

実際に私たちのクライアントの組織で起こった話だが、あるとき、一人の女性が入院し、扁桃腺除去の手術を受けることになった。だが病院の外科手術チームは間違って女性の脚を切断してしまった。なぜこのような悲劇が起きたのだろうか。そもそもなぜアメリカでは年に九万八千件もの医療ミスによる死亡事故が発生するのだろうか。原因の一つは、医療従事者が自分の心の中にある思いを率直に話せないことにある。この事故のときには、少なくとも七人がなぜ外科医は脚を切断しているのだろうかと疑問に感じていたが、誰もそれを口にしなかった。医師という権力者がやっていることに対して、怖くて疑いの声を上げられなかったため、各人の思いが自由に行き交うことがなかったのだ。

もちろん、恐怖心が蔓延するのは病院に限った話ではあるまい。頭が良くて自信に満ち、押しが強い上司の前では、誰もが意見を押し殺し、権力者を怒らせないように心を砕く。

その一方、恐れることなく意見を口にでき、思いが自由に行き交うところでは、共有の思いのプールが飛躍的に大きくなり、グループのＩＱも高まるから、より良い意思決定がなされる。ケビンのグループを思い出してみよう。参加者全員が自分の意見を述べ始めた結果、チームは自分たちが置かれた状況をはっきりと把握することができた。

さまざまな提案が行われ、その理由を皆が理解し、議論は深まっていった。一つのアイデアが別のアイデアをもたらし、最初は誰も考えつかなかったような新しい案――しかも全員が心から支持できるようなものが生まれた。思いが自由に行き交った結果、総和（最終的な決定）が、個々の単純な和よりも大きなものになった。簡潔に言うとこうだ。

「共有の思いのプールは相乗効果の源泉である」

共有の思いのプールによってより良い意思決定がなされることは言うまでもない。しかも、思いが共有されることによって、皆が決定事項を進んで実行しようとする。オープンな意見交換では全員の思いが自由に行き交うから、最終決定がなぜ最善なのかを皆が理解できている。そのことが実行に向けたコミットメント、つまり自分の役割と責任を受け入れることにつながる。ケビンの例でも、社長以下、参加者全員が最終決定に賛成したのは、たんにその場にいたからではなく、納得したことが理由である。

逆に、参加者が積極的に意見交換せずじっと黙り込んでいるときには、滅多にコミットメントが得られない。自分の考えを口にしないということは、自分の意見を共有の思いのプールに注がないということだ。この場合の結末は、静かに非難したり反発したりすることだ。困ったことに、誰かが思いを強制的にプールに押し込むと、他の人はすんなりと受け入れることができなくなってしまう。協力すると表向きは言うかもしれないが、全力を出すことは期待できない。このことをかつてサミュエル・バトラーは、「自分の意志に反して賛成した人とは、まだ自分の意見に固執している人のことだ」と言った。

共有の思いのプールを満たすために費やした時間は、後日、責任感に裏打ちされた素早い行動によって十分に報われるだろう。

もしケビンたちが最終的な本社移転先の話し合いで本心を明かさなかったとしたら、どうだっただろう。一部の人は移転に賛成し、残りの人は心の中で反発しながら会議を終えていたはずだ。廊下に出てから猛然と議論を始める人もいるだろう。今回の決定が全員に大きな影響を及ぼすことがわかり、再度ミーティングが招集されて、同じメンバーで話し合いを繰り返すはめになるかもしれない。

誤解しないでほしいのだが、すべての意思決定は全員一致で行われるべきだとか、上司が参加してはならないとか、または上司が独断で最終決定をしてはならない、などと言うつもりはまったくない。どのようなプロセスをとるにせよ、決定するのが誰であるにせよ、共有の思いのプールが大きいほど意思決定は良いものになる、と言っているのである。

私たちが口論や会話を拒絶するなどの行動をする理由は、どうすれば互いの思いを上手に共有できるのかがわからないことにある。やり方を知らないからダイアローグをせずに、愚かな駆け引きをするのである。

たとえば私たちはわざと本心を語らずに、沈黙することがある。沈黙は、権力のある人に対して用いられた場合は対決を避ける行為だが、家庭では愛する者に対する冷酷な態度になり得る。

中傷したり、不愉快な言葉や皮肉を口にしたり、不快な表情をあらわにして自分の思いを相手に伝えるときもある。上辺だけ相手に尽くしている振りをすることもあるし、相手と直接向き合う勇気がないときには、チーム全体を非難して自分のメッセージが狙った相手を直撃するようにと祈ることもある。このようなやり方は、その都度テクニックが違ったとしても、基本的には同じものだ。つまり共有の思いのプールに自分の思いを入れようとしないのである。

そのほか、どうしたらダイアローグが継続できるのか知らないために、思わず暴力（もちろん言葉の暴力だが）に訴えてしまうこともある。相手をコントロールする目的で何気なく用いる言葉遣いから、言葉による攻撃までさまざまだ。自分が全て知っているかのように振る舞い、相手に自分の意見を強制したり、相手を否定し、意見を放棄させようとする。上司の威光を借りることや、一方的な話し方で相手の意見を封じることもある。やり方は違ってもゴールは同じだ。相手を自分の意見に屈服させることである。

これらの例からわかるのは、大きな利害関係、対立する意見、強い感情が存在する状況で、私たちはしばしば最悪の行動を取るということだ。もしそれを何とかしたいなら、適切な方法を見つけるべきだ。そうして、共有の思いのプールに思いを蓄積できるようになれば、人生が大きく変わることだろう。

▼ダイアローグ・スキルは学習可能だ

幸運なことに、緊迫した会話の場面で求められるスキルはすでに明らかになっているし、身につけるのもそれほど困難ではない。難しい会話が巧みに処理されたときには、必ずと言っていいほど周囲の人にもわかるものだ。雲行きが怪しいはずだった会話が、健全な解決策とともに終了するからだ。あなたもきっと感嘆することだろう。

重要なことは、ダイアローグのスキルは学習が比較的簡単だという点だ。続く章ではこれについて述べることになる。

筆者たちは、二十五年間におよぶ事例研究で、素晴らしいダイアローグができる人々のスキルを抽出した。まず初めにケビンやその他大勢の人々について回り、会話が緊迫するたびに詳細な記録を収集した。その後、観察内容を比較し、スキルをうまく説明するモデル作りのために仮説と検証を繰り返した。そして最終的にその理念と理論、ダイアローグの方法をひとつにまとめ、学習可能なスキルを編み出すことができた。

ではさっそく学習に入ろう。緊張を強いる緊迫した会話が、どのように成功と結果をもたらす会話へと変化していくのか、章を追うごとにわかるようになっている。きっとあなたの人生にとって、かけがえのないスキルだと実感してもらえるだろう。

▼これから学ぶこと

続く各章は以下のように構成されている。

最初に、ダイアローグの条件を整えるにはどうしたらいいかを考える。困難な状況をどう把握したらいいのか、何をどう準備したらいいのかに焦点を当てる。まず自分自身を見つめ直してから、問題を探し出し、自分の思考のプロセスを検証する。そして自分のスタイルを自覚して、問題が発生する前に問題に気づくようにする。読み進める中で、相手の反発を最低限に抑えながらダイアローグを進めるためには、自分や相手にとって何が大切なのか、わかっていただけると思う。

次に、話す、聞く、行動するためのスキルについてまとめて考える。緊迫した会話をイメージすると、真っ先にそうしたスキルの必要性を感じる人は多い。相手を傷つけずに意見を言うにはどうしたらよいか。摩擦を起こさずに、しかも説得力を持って話すにはどうしたらいいのか。不安そうにしている相手から、自ら進んで思いを打ち明けてもらうにはどうすればいいのか。考えを行動に移すにはどうすればいいのか。徐々に、話す、聞く、行動するための鍵となるスキルがわかってくるはずだ。

最後に、すべての理論とスキルをモデル図で体系的に説明する。実際の事例も盛り込んだ。どのように実践すればいいのか、より具体的に理解するため、よくある十七の事例について解説を付け加えた。これを読めばきっとダイアローグに必要なスキルをマスターできるだろう。

第3章
自分から始める——欲しいものに集中する

人類の歴史上、これほど選択肢が溢れている時代はなかった。
ある道は失意と絶望に続き、別の道の先には滅亡が待っている。
人類には正しい道を選択する知恵があると信じたい。

——ウディ・アレン

ダイアローグの進め方に目を向けてみよう。意見が対立して感情的になっているとき、どう働きかければ思いが自由に行き交うようになるだろうか。誰にでも経験があるように、それは容易なことではない。実際、そうした場面で失敗を繰り返し、痛い思いをしてきた人たちには、意識的な努力が必要になるだろう。しかし、人は変わることができる。この十年の間、筆者たちのコースを受講した何千人もの人たちは見事にそうしたスキルを身につけることができた。もちろん、一瞬にして生まれ変われる魔法があるわけではない。まず自分自身をしっかりと見つめ直すことから始めなければならない。

ダイアローグの原則その一は、自分から始める、である。始まりは自分の内面からだ。自分自身を正しく理解していなければ、適切なダイアローグはできない。会話が緊迫してくると、使いなれたコミュニケーションのやり方を、無意識に使ってしまうからである。その結果、論争したり、沈黙に逃げ込んだり、相手をコントロールしようとしたりすることになる。

▼自分から始めないとどうなるのか

実際にあった話から始めよう。ディズニーランドで午後を過ごした二人の女の子と父親が、足早にホテルの部屋へと戻って来た。焼けつくような日差しの中で、少女たちは小さな体に不釣合いの量のソーダを飲み干していた。部屋に戻ったとき、彼女たちが考えたのは同じことだった。

二人ともおしっこがしたくてお腹がはちきれそうになっていたが、部屋にはトイレが一つしかない。間もなくけんかが始まった。やけになった二人は口論を始め、押し合い、罵り合いながらトイレの前で跳ね回っている。ついに一人が父親に助けを求めた。

「パパ！　私が先に着いたのよ」

「わかってるわよ。でも私のほうが大変なんだから」

「そんなの嘘。私のことなんかわからないくせに。朝から一度も行ってないのよ」

「そんなの勝手でしょう」

父親は子供たちに提案した。

「お嬢さんたち、これは二人で解決するんだ。誰が先に入って、誰が後に入るか決めなさい。決まりは一つだけ。ぶつのはだめだよ」

苛立つ二人が話し合いを開始したのを見届けて、父親は腕時計に目をやった。どれだけかかるか計ろうと思ったのだ。時計の針がカチカチと進んでも、罵り合う叫び声が時折聞こえる以外は何も変化が起こらない。二十五分が過ぎた頃、ようやくトイレの水を流す音が聞こえ、娘の一人がやって来た。一分後、また音がして二人目がやって来た。二人が部屋に揃ったところで父親は聞いてみた。「二人が喧嘩している間に、何回トイレに行けたか知ってるかい？」

小さないたずらっ子たちは、最初はポカンとしていたが、やがて質問の意味を理解するやいなや、二人が下した結論はこうだった。

「もしあんたがそんなにいやな子じゃなければ、何度も行けたわ」

「パパ、聞いた？ 自分は待たなかったくせに、私のことばかり悪く言うのよ。いつもわがままなんだから」

▼相手を非難することの無意味さ

この話を読んで私たちは笑うが、じつのところ、この少女たちと私たちの行動にはなんら違いがない。会話が失敗すると、多くの人は真っ先に相手を非難する。相手さえ心を入れ替えればすべてが丸く収まる、という理屈だ。相手があれほど変人でなければ馬鹿らしい言い合いなど最初から無用なのだ。言い合いを始めたのは向こうだ。相手が悪い。云々。

人生にはさまざまな対立がついて回るし、ときには自分は傍観者として衝突に巻き込まれただけという場合もあるだろう。しかし、自分にまったく責任がないことなど滅多にあるものではない。たいてい、問題に巻き込まれたら、多かれ少なかれ原因の一端は自分自身にもある。

最高のダイアローグができる人はこの基本を理解しており、「自分から始める」という原則を実践している。自分の行動や態度を改めれば自分が得をするから、という理由だけではない。自分が直接働きかけられる対象は、自分しかいないからだ。相手が心を改めなくてはならないのと同じように、自分自身も向上しなくてはならない。

とはいえ、自分から始めなくてはならないと考える人は、指摘されるまでもなく自分から始めて、最高のダイアローグができるようになる。皮肉なことに、ダイアローグのスキルを磨き続けていくのは、最も優れたスキルを持っている人々なのだ。さながら、金持ちがますます金持ちになるようなものだ。

▼自己の内面を見つめ直す

緊迫した会話では、つねに状況が変わる。何がどのように起きたという出来事の因果関係を、時系列で説明するのは困難だ。しかし、一つだけはっきりしていることがある。それは、スキルを備えている人は自分から始めるという点だ。言い換えると、リスクの大きな話し合いをするにあたって、自分自身の動機をはっきりさせ、それに集中し続けることが大切なのである。

そのための方法は二つある。まず自分が本当に欲しいものは何かを見極めることだ。話をしているうちに、当初の目的から外れた議論にはまってしまうことがある。そうならないように、本当に欲しいものに集中する必要がある。もう一つは、愚かな選択（二者択一）をしないことである。他に選択肢がなかったので逃げるか戦うしか方法がなかったのだ、などと弁解をするようではいけない。最高のスキルを備えた人は、いかなる状況においても話し合うべき選択肢が残っていることを知っている。

この二つは心構えの重要さを示している。では、それぞれを順に考えてみよう。

▼成功と失敗を分ける決定的瞬間

本当に欲しいものを正しく見極めないと、ダイアローグはどう変化するだろうか。実際にあった例を見てみよう。

グレタは中堅企業のCEOで、ちょうど今、経営陣と二時間に及ぶ白熱したミーティングをしているところだ。この半年、彼女は経費削減を懸命に呼びかけてきたが、成果がほとんど上がらない。それで会議を招集した。案の定、誰もが経費節減できない理由を並べ立てている。率直な意見交換を望んだのはグレタ自身なのだから当然のことだ。

グレタが話を終えて質問を受けようとした矢先、あるマネージャーがためらいがちに立ち上がった。そわそわと床を見つめながら、たいへん言いづらい質問があるのだが聞いてもいいだろうか、と前置きしつつ不安げに話し始めた。

「グレタ、この六カ月の間、経費削減の方法を考えるようにとずっと言っておられますね。たしかに、私たちが一生懸命に取り組んだなどと言ったら嘘になります。差し支えなければ、なぜ経費削減に弾みがつかないのかという理由を説明してもよろしいでしょうか」

「もちろんです。さあどうぞ」。グレタはにっこりと笑いながら返事をした。

「コピー紙の両面を使うようにとか、ソフトウェアのアップグレードは控えるようにとおっしゃる一方で、新しいオフィスを建築中だとお聞きしました」

グレタの顔は凍りつき、真っ赤になった。誰もが事の展開を見つめて息を呑んだ。マネージャーはさらに率直に続けた。

「噂では家具だけで十五万ドルの支出ということですが、本当なのでしょうか」

さあ、そのときがきた。共有の思いのプールに、醜い一石が放り込まれたのだ。グレタはこの問題について包み隠さずに話すだろうか、それとも質問した部下の口を封じ込めようとするのだろうか。

この会話は、まさに緊迫した会話だと言える。というのは、その後の数分間のグレタの言動が、経費節減に対する全員のやる気を決めてしまうからである。同時に、この場にいる経営陣は彼女への評価を下すことになるだろう。正直かつオープンなCEOとして説明をするのか。それとも怒り狂った偽善者となって、歴代の経営者と同じ行動を取るのか。

▼自己防衛は愚かな選択

グレタがこの緊迫した会話をどう進めるかは、追及を受けている最中に湧き上がってくる感情を彼女がどう処理するかにかかっている。彼女はスピーチであれ書類を書くときであれ、いつも誠実で、誠実さが何よりも大切だと心から信じている。しかし、この場においてはどうなのだろう。危険を冒してストレートな質問をした部下に、どう対応するのだろうか。

もしグレタが私たちと大差のない人間であれば、自己防衛をするだろう。会話の成り行きに利害関係がからんでくると、新たな（そしてあまり健全とは呼べない）動機が、もともとの高邁な動機にすり替わることが多いのだ。歯向かってくる相手の前では、最初の目的はひとまず脇に置いて、自分の立場を守るのが賢明というものであろう。

「こう言うのも何ですが、新しいオフィスの話はこの場にふさわしいテーマだとは思えません」

この一撃を使ったらもう終わりだ。たった一回の仕返しが致命傷になって、もう誰からも支持してもらえない。少なくともこのテーマについて率直に話す人はいなくなる。それに、全員があなたの誠実さに疑いを感じ始める。あなたは自分に都合が悪くなると、あっさりと手を返す人なのではないかと。

▼最初にすること――自分が本当に欲しいものに集中する

しかしグレタは違った。感情に流されて自己防衛に走ったりしなかった。人に要求していることと自分のしていることが違うではないかと指摘された直後、彼女は驚き、戸惑い、少し怒っているように見えた。しかし、深呼吸の後、こう言った。

「なるほど。ここでオフィスについて話すほうがいいと思いますが、どうですか。その話題を持ち出してくれなかったら、現状について話し合う機会はないでしょうから」

それからグレタは率直に話し始めた。新しいオフィスが必要だと感じたこと、しかし費用がいくらになるのか予想もつかなかったこと。オフィスは、会社のイメージアップと顧客の信頼を得るために必要だというマーケティング部の要請に基づいて計画された。グレタも新オフィスを使うが、用途は主としてマーケティングである。しかし、スタッフにチェックしてもらった数字を見て、初めて金額の大きさに驚き、工事の発注前に確認すべきだったと後悔した。そこで費用を半額にしてプランを練り直すか、プラン自体を撤回するかのどちらかにしようと考えているところだった。

筆者たちは会議の後、あのような追及にさらされながら、なぜ落ち着いて対応することができたのかとグレタに聞いてみた。追及の最中、彼女の頭の中で何が起きていたのか知りたかったのだ。彼女の中で、戸惑いの気持ちが怒りへ、そして感謝へと変化していく背景には何があったのだろうか。

グレタの答えはこうだった。

「簡単なことですよ。最初は攻撃されたと感じたし、仕返しをしてやりたいと思いました。

正直なところ、分をわきまえなさい、と言ってやりたいくらいでした。こんな多くの人が集まっている場で非難するなんて、非常識でしょう、とね。

でも突然別の考えが浮かんできたのです。二百人の目が私に釘付けになっているのはわかっていましたが、『私が本当に欲しいものは何だろうか』という問いに、心を奪われていたのです」

この問いかけはグレタを大きく揺り動かした。問いかけに集中していると、本当に欲しいものが見えてきた。ゴールは、この場にいる二百人のマネージャーに経費節減キャンペーンを推進してもらうこと、そして彼らの下で働く何千人ものスタッフにも協力するように働きかけてもらうことなのだ。

いったんゴールを自覚すると、グレタは最大の障害は自分が偽善者だと思われているという点だと理解した。片方で他人に対して犠牲を強いておきながら、他方では自分の贅沢のために資金を注ぎ込んでいるように映っているのだ。それを自覚した瞬間、戸惑いと怒りは消え、感謝の気持ちがわいてきた。マネジャーたちに自分の思いを伝えるのに、これほど適切な質問があるだろうか。そうして彼女はダイアローグを続けたのである。

▼考えを集中させる

では、私たちにもありがちな状況を想定してみよう。ある重要な案件で意見が正反対の相手と話をしているとする。ここで、自分が本当に欲しいものについて考えるとは、自分は何のために、何を目的として話すのかという動機を確認することである。

たとえば、自分の意見を言わずに上司に任せきりにしていたり、夫（あるいは妻）を冷淡にあしらったりしているのに気づいたら、自分の動機がどうなっているのか考えてみよう。話し始めたときと同じだろうか。それとも新たな動機にすり替わり、自分の体裁を保つとか、恥ずかしい思いをしないとか、議論に勝つとか、はたまた自分が正しいことを示して相手をひどい目に遭わせることなどが目先の会話の目的になっていないだろうか。ややこしいことに、動機は無意識のうちにすり替わってしまう。体内のアドレナリンのせいで、最初の動機が忘れられてしまうのである。

最初の動機に立ち返ってダイアローグを続けるには、まず目下のやり取りから離れて自分を見つめなくてはならない。客観的に自分を見つめて自問するのだ。「今、自分は何をしているのか。今の行動の根底にある動機は何か」

このように自分の動機を見つめると、こんな答えが返ってくるかもしれない。「今は相手をひどい目に遭わせてやろうとして、必要以上に強く主張し、激しく口論している。口論に勝とうとしているのだ。最初は休暇のプランを作るのが目的だったのに、口論に勝つのが目的になってしまった」

心の中にある動機をつねに意識することで、万一動機がすり変わった場合には、元に戻すことができる。

「本当に欲しいのは、みんなが喜ぶ休暇のプランを考えることで、自分の意見を押し付けることではない」とはっきりと自覚できれば、行動を変えられるからである。

では自分の行動を自覚するには、どうすればいいだろうか。自分がしていることに気づき、その行動をやめて、自分の動機を正すには何が必要だろう。グレタを思い出してみよう。彼女がしたのは、立ち止まって自問することだった。このような問いかけはダイアローグから脱線しそうなときに使ってもいいし、緊迫した会話の準備として使ってもいいだろう。問いかけの例をあげてみよう。

・**自分のために本当に欲しいものは何だろうか？**

・相手のために本当に欲しいものは何だろうか？
・お互いの関係のために本当に欲しいものは何だろうか？

こう問いかけた後で、もう一つ役に立つ質問を追加しよう。

・欲しいもののために、どう行動すればよいだろうか？

▼自分の置かれた場所を理解する

問いかけるメリットは二つある。まず、ダイアローグをどの方向に進めるべきかわかる。ダイアローグが軌道から外れるのには理由がある。①何千年もかけて造られた遺伝子の仕組みのせいで脳の血液が筋肉に流れてしまう、②相手に勝とうとする習慣が染みついている、などだ。そうなったら軌道修正して、最初の目的に立ち返るのである。

「何が欲しかったのかな。そうそう、相手に恥をかかせたり、大勢の前で自分を格好よく見せることじゃなかった。経費節減について自由に意見交換をしたかったんだ」

▼自分の身体に指令する

二番目もたいへん重要だ。自問によって、体の生理的な状態を変えられる。複雑で抽象度の高い質問を投げかけると、脳は直面している問題が物理的な脅威ではなく、複雑で社会的な問題であることを理解する。すると、逃げるか戦うかに備えて筋肉に流れていた体内の血液が、思考を促進させるために脳に押し戻される。

このように、自分が本当に欲しいものは何かという問いかけには、二つの重要な役割がある。ひとつは目的が何かを思い起こさせること、もうひとつは脳に血液を押し戻して思考を助けることである。

▼よくある失敗

全員の思いが自由に行き交うようにしようと決意して会話を始めても、いとも簡単に本来の目的から逸脱してしまうことは、たいへん多い。たとえばグレタが多くの人の前で追及されたとき、彼女の最初の反応はあらゆる手段を尽くして体裁を保つことだった。それ以外にも、勝とうとするとか、報復しようとするとか、または面倒に巻き込まれるのを避けるなど、逸脱するパターンはいくらでもある。

▼勝とうとする

これはダイアローグを台無しにする最大の原因だ。テレビ番組の半分はスポーツやゲームで勝利した人を褒め称えているし、初めて幼稚園に行った子供でも、十分もすれば先生の関心を惹く方法を考える。関心を惹くには、一緒にゲームをしている仲間を出し抜かなくてはならない。自分の行動の意味を理解できる年齢に達する以前に、勝利への欲望が植えつけられてしまう。

成長して年を重ねていっても、勝利への欲望によって健全なダイアローグが妨げられていることに気づかない人はとても多い。たとえば最初は問題解決が目的だったのに、誰かが間違いを指摘したり議論を挑んだりした途端に目的が変化する。

論争の手始めとして、まず相手の間違いを指摘するのはよくあるやり方だ。細部をつついて、相手の説明は間違っていると反論する。

「間違っていますよ。家具に十五万ドルも使っていません。経費が膨らんでいるのはオフィスの設計費です。家具ではありません」

もちろん相手も自らの正しさを証明するために反論するから、すぐに議論は間違いを訂正するだけではすまされなくなり、議論に勝つことが目的化してしまう。

この分析に納得がいかない人は、トイレに行く順番をめぐって喧嘩をしていた二人の少女を思い出してほしい。最初の目的は単純明快だった。トイレをすますこと。ところが間もなく無意味な駆け引きが始まって、二人は何が何でも相手に勝とうと躍起になった。たとえそのことによってトイレに行くのが遅くなったとしても、だ。

▼報復しようとする

怒りが募ると、勝ちたい思いを通り越して相手にダメージを与えてやりたくなる。「正直なコミュニケーションなどもうどうでもいい。この無礼者に公の場で私を攻撃してはいけないってことを教えてやる」という感情の嵐が最高潮になり、目的がとんでもない方向へねじれていく。共有の思いのプールに思いを蓄積するはずが、唯一の目的が相手を苦しめることになり、こんなふうに口走ったりする。

「信じられない。会社のためにオフィスを作っているのに、無駄遣いをしていると私を非難するつもり？　もっとましな質問ができる人はいないの？」
これでは、全員が黙り込んでしまうだろう。会議室は沈黙に支配されるだけだ。

▼面倒に巻き込まれるのを避ける

自分の安全を確保するために沈黙する場合もある。共有の思いのプールをかき乱さないよう、自分の意見を隠しておくのである。これもダイアローグを放棄することになる。言い争うのが嫌なときは、不愉快な会話を避けるために、悪い結果になるとわかっていてもその場の結論を受け入れたりする。少なくとも心の中では、争いを避けて平穏を選ぶものだ。

もしグレタがこのような行動をとったら、新しいオフィスのことを話題にする者は誰一人いなかったはずだ。そしてグレタは問題の本質に気づかず、ミーティングに参加したマネージャーたちは会議が終わっても経費節減に重い腰を上げようとしなかっただろう。

▼二番目にすること——愚かな選択を避ける

ここでもう一つ、本当に欲しいものに集中するためのツールを紹介しよう。最初に次の話を読んでほしい。

ビューモント高校の教職員はカリキュラム変更を急いで実施するため、放課後のミーティングを開いていた。何時間も経過したところで、ようやく最後の理科の変更案が発表された。ロイスはビューモント高校で三十三年間理科を教えており、自分は学校の重鎮だと考えている。彼は電子や中性子の説明よりも戦争の話をしたがるのだが、学校側は彼が長年ここで働いてきたという理由で見て見ぬふりをしてきた。

校長の合図でロイスは咳払いしてから、教材開発と戦闘準備の類似性について支離滅裂にまくし立て始めた。彼の演説は見ているほうが恥ずかしくなるようなもので、笑いを押し殺している教員たちの肩が上下に揺れていた。

ロイスの次に新任のブレントが発表を始めた。数週間前、校長は彼に理科全般の変更案をまとめてほしいと依頼した。ブレントはロイスも含めた同僚全員と時間を取り、提案をまとめてプレゼンテーションの準備をした。

ブレントが話し始めると、ロイスは物差しを長い剣に見たてて嫌がらせを始めた。するとブレントは拳を机に叩きつけ、怒鳴り返したのだ。「どうしてこんな年寄りに話をさせるのかと不思議に思っているのは私一人か？」

その場にいた全員があっけに取られてブレントを見つめた。同僚たちの批判的な視線を感じ、ブレントは皆を敵に回すような言葉を吐いた。「そんな目で見るな。本当のことを言う勇気がある奴はいないんだろう」

ブレントはロイスの顔に公の場で泥を塗っただけでなく、謝りもせず、恥じ入ってその場を立ち去るでもなく、自分の行動は正当であると主張したのだ。

▼二つの浅はかな選択肢

このように礼を欠いてしまえば、いとも簡単にダイアローグから脱線してしまう。この方法を愚かな選択と呼ぶことにしよう。これは選択肢が二つしかなく、その二つは同時に成り立たないとする考え方だ。正しいのは自分だからという理屈で本当のことを残酷に伝えるか、思いやりを発揮して隠しておくか。言い換えれば、先輩が間違いに気づき、修正できるように意見する（そしてそのことで先輩の顔に泥を塗り、怒らせる）か、何も言わずに共有の思いのプールを干上がらせておいて、先輩が困るのを待つか、ということになる。あなたならどちらのリスクを取るだろうか。

愚かな選択をする理由は、それ以外に選択肢がないと考えるからだ。愚かな選択は最悪の結論である。なぜなら、どちらか一方しか成り立たないという考え方に基づいているからである。愚かな選択をする人は、浅はかな行動が避けられる三番目の選択肢の存在に注意を向けようとしない。たとえば、正直でいながら、しかも相手の面目をつぶさないやり方があるかもしれないし、上司の機嫌を損ねることなく、しかも率直に意見を述べることができるかもしれない。

人が愚かな選択をする理由は、三番目の（より健全な）選択肢を考えていないか、あるいは二者択一するしかなかったことを口実にして、自分の愚かな行動を正当化しているのである。「自分の心を偽らないでいようと思うと、彼にはっきり言うしかないからね。気持ちのいいことじゃないけど、正しいことだからしょうがないよ」という理屈なのである。

▼変化を受け入れる

愚かな選択は健全なダイアローグを妨げるだけではない。自分を変えることを不可能にしてしまう。脳はよく考えようとせずに、わずかな血流で簡単に問題解決をしてしまう。問題から逃げるか戦うかの二者択一をするだけなら、想像力を使って考える必要などどこにもないのだ。しかも、その行動は習慣化する。

賢明にも沈黙しているのに、なぜ自分の行動を変える必要があるだろう、と考える人がいるかもしれない。「上司に話すだって？　いったいどこまでバカ正直なんだ？」「子供に命令しすぎだと妻に言えって言うの？　冗談じゃない。そんなことをしたら恨まれてたいへんだ」

あるいはこれはどうだろう。「なぜ自分が変わらなくてはならないんだ。悪いのは相手なんだよ」

愚かな選択とはものごとを単純に取捨選択することである。これによって私たちはダイアローグをどう継続したらいいか考えることができなくなり、自分の愚かな行動を正当化し続ける。

では、どうすれば愚かな選択と決別できるだろうか。

▼両立させる可能性を探す

ダイアローグに長けた人は、新しい選択肢を探し出すことで愚かな選択を避ける。二つのうち一つの取捨選択ではなく、今は隠れている別の選択肢、二つが両立可能な選択肢は何か、と自分に問いかけるのである。

初めに、自分が求めるものを明確にする。もしすでに「自分から始め」ているのであれば、順調なスタートを切ったことになる。自分のために欲しいもの、相手のために欲しいもの、お互いの関係のために欲しいものを考えたなら、愚かな選択から決別する準備は揃っている。

「私が欲しいのは、夫がもっと頼りになる人であること。大切な約束を彼が破るたびに失望させられる。こんなことはうんざりだ」

次に、自分が欲しくないものは何かを考える。これは両立可能な選択肢を探す上で大切な問いかけだ。たとえば次のような問いかけである。本当に欲しいものをあきらめたときどうなることを、自分は恐れているのか？　努力をやめると、どんな悪いことが起こるのか？

「私が欲しくないのは無駄な口論を続けていやな思いをするだけで、結局何も変わらないこと」

最後に、脳に難問を突きつけよう。先の二つの問いかけから両立可能な選択肢を探す質問を作るのだ。こうすれば、沈黙や暴力よりも創造的で建設的な選択肢を探すことが可能になる。

「どうしたらお互いにいやな思いをせず、時間を無駄にすることもなく、夫と率直に話し合って、もっと頼りになる人でいてもらいたいことを伝えられるだろうか」

これまで愚かな選択しかしてこなかった人に両立可能な質問を投げかけると、顔つきが変わり、目を見開いて考え始める。さらに「この問題への対処法は見つかりそうですか」と尋ねると、ほとんどの人が「何とかなりそうです」と回答する。これはじつに興味深いことである。

・同僚に、あなたが感じている心配事を伝え、しかも侮辱したり怒らせたりせずにすませる方法はないだろうか。
・隣人に、あなたを困らせているその人の行動を伝え、しかも身勝手だとか口うるさいと思われずにすませることは可能だろうか。
・妻や夫とお金の使い方の問題を話し合い、しかも口論をせずにすませる方法はないだろうか。

▼ダイアローグに不可能はない

両立可能な選択肢について考えるなんてナンセンスだと考える人々もいる。彼らによれば、愚かな選択は間違った二者択一ではなく、選択の余地がない不幸な現実を表しているだけだ。「部の方針のことで上司に意見できるはずがない。そんなことをしたらクビになってしまう」

このような人々に対しては、「ケビンのことを覚えていますか」と尋ねることにしている。ケビンも、その他研究対象になった多くの人々も、相手への敬意を示しながら話を切り出すためにあらゆる手段を尽くしていた。ケビンのような人物がいることはまぎれもない事実なのだ。三番目の選択肢は存在するし、それによってあなたは人間関係を損ねることなく、自分の思いを共有の思いのプールに注ぐことができる。

筆者たちは、研修トレーニングを実施するために顧客の企業に出向くことがある。そこで、愚かな選択以外に選択肢がありますと話すと、必ずと言っていいほど誰かが「正直に話せる組織もあるでしょう。でもここでそんなことをしたらすぐにブラックリストに載せられますよ」と言う。別の見方をすれば「自説を主張するつもりなら辞表を懐に入れておけ」ということになる。そしてこの意見に対してたちまち「賛成」「私もそう思う」という声が上がって、全員がその通りとばかりに頷くのである。

最初は私たちも、もしかしたらダイアローグがまったく成立しない場合があるのかもしれないと考えていた。しかし参加者に「あなたの組織には、大きく利害の絡んだ問題を人間関係を損ねずに解決できる人が一人もいないのですか？　本当に誰も心当たりがないのですか？」と問い返してみると、ほとんどの場合「そんなことはありません」という答えが返ってくるのである。

▼まとめ――自分から始める

困難な状況でも、自分の目的に集中し、ダイアローグを続ける方法をまとめてみよう。

▼自分から始める

自分が直接変えられるのは自分ひとりだということを思い出す。

▼自分が本当に欲しいものに集中する

自分が沈黙や暴力に向かおうとしているのに気づいたら、立ち止まって自分の動機を見つめなおす。

・自分に問いかける。「私はどんな動機から行動したのだろうか？」

・次に、自分が本当に欲しいものを明確にするために自問する。「自分のために欲しいものは何だろうか？　相手のために欲しいものは何だろうか？　お互いの関係のために欲しいものは何だろうか？」
・最後に、こう自分に問いかける。「これが、自分が本当に求めるものだとしたら、どのように行動すべきだろうか？」

▼愚かな選択を避ける

自分が本当に欲しいものを明確にするときに、愚かな選択をしていないかどうかに注意する。
・平穏と正直、勝つことと負けることなど、二者択一をしなければならないと思い込んでいないかどうかに注意する。
・両立可能な選択肢を探し、愚かな選択と決別する。
・自分が欲しくないものを明確にし、欲しいものと対比させる。そしてダイアローグを持続できる健全な選択肢を探す。

第4章 状況を見る——安心の揺らぎに気づく

ならず者なら何千人も見てきたが、
自分をならず者だと思っている人は一人もいなかった。
自分を熟知している人はそう多くないものだ。

——ウィーダ

この章はある緊迫した会話で始めよう。あなたはたった今、自分がリーダーを務めるチームのメンバーと白熱したミーティングを終えたばかりだ。議案は新しいシフトのローテーションで、最初はごく普通の話し合いだったのに、最後はとんでもない言い合いになってしまった。一時間も非難と愚痴の応酬があり、今ようやく一人になれたところだ。

廊下を歩きながら、あなたはいったい何がどうなってしまったのか考えている。何気ない会話が一瞬のうちに緊迫したものになり、結局ミーティングはうまくいかなかった。しかも、自分ではその原因がわからない。自分が少しだけ意見を強く言ったときに（もしかしたら、かなり強く主張したかもしれないが）雰囲気がピーンと張り詰めたことと、皆が自分を見つめていたのは覚えている。皆の表情は凍りついていたが、ミーティングはそこで終わった。

ちょうどそのとき、二人のメンバーが廊下を歩きながら、たった今の出来事について話しているのが耳に入ってきた。彼らはミーティングがなぜ失敗したのか分かっている様子だが、あなたにはそれが理解できない。

「いつもの通りだ。マネージャーは個人的なことにばかり目くじらを立てる。だからつい反発してしまうんだ。みんな途中でがっくりしてたよね。こっちの言い方も悪かったかもしれないけど。マネージャーが頑固に言い張るし、自分に都合のいい話だけして、おまけに理不尽な要求をしたから、引っ込みがつかなくなってさ」

その日、あなたは友人たちにそのミーティングの話をしてみた。すると彼らは、あなたがミーティングの途中で何が起きているのかを見落としたのが原因だと言う。

「君は会話の内容に注意が向いていたんだ。シフトのローテーションのことに集中していたので、その場の状況は見えてなかったということだね。皆の気持ちや行動や、それから口調なんかが目に入っていなかったんだよ」

「あんな言い合いの中でそれらを全部見ろって言うの？」とあなたは尋ねる。

「そう、いつも二重に考えるんだ。会話の雰囲気が悪くなってきたら、会話の内容のことを考えながら皆が何をしているか観察するんだよ。何をしているのか、それはなぜだろうか、と考えるんだ。なぜ相手が怒っているのかとか、なぜ意見を言わないのか、なぜ黙り込んでいるのか、とかね。それが分かれば会話を軌道に戻せるからね」

「状況を見るだけでなくて、軌道に戻すこともできるってこと？」

「いつもじゃないよ。第一、何を見ればいいのかが分かっていなくてはダメだ。そして、会話がマズい雰囲気になってきたときに素早く応急処置をする。救急絆創膏だね。問題発見が早ければ早いほど、すぐに健全な会話に戻れるし、ダメージも少ない」

言われてみれば当たり前のことだ。なぜ今まで分からなかったのだろう。しかも友人は問題について、すらすらと解説してくれた。

▼状況をよく見る

多くの人は、会話の内容と自分や相手の状況について、同時に考えることが苦手だ。それが緊迫した会話の最中であればなおさらである。大きな利害が絡んでいて感情的になっているときには、自分の主張に心を奪われている。だから、自分や相手の状況を把握するために、会話から身を引いて距離を置くことがとても難しい。仮に状況が見えたとしても、ただ戸惑うだけのことが多い。「まずいことになってきた。どうしたものかな」。これでは状況の把握は十分だと言えない。

なぜ、きちんと会話を進めているのに、会話を取り巻く状況がまったく見えないということが起こるのだろうか。これは、初めてフライ・フィッシングをするときの様子と似ている。あなたの友人は、〈あそこにいる〉茶色のマスから二メートルくらい上流をめがけてフライを投げるんだよ、と言い続けている。唯一の問題は〈あそこにいる〉マスがあなたに見えないことだ。あなたは、そんなはずはないとマスを探す。しかし、あなたが探さなくてはならないのは、太陽の日差しがキラキラと反射する水の下にいる生きたマスである。父親が暖炉の火であぶっていたマスとは別の姿を探す必要がある。知識とトレーニング経験がないと、何を探せばよいか分からない。だから見えない。

では、緊迫した会話の最中に探すべきものは何だろう。それは、三つの異なる状況である。まず会話が緊迫してきた状況、人々の安心感が揺らいでいる状況（沈黙や暴力）、そして自分自身のストレス時のスタイルである。それぞれについて考えてみよう。

▼緊迫した会話を見つけ出す

まず意識を集中して、何気ない会話や、当たり障りのない会話が緊迫した会話に変化する瞬間に気づかなくてはならない。同様に、もしも緊迫した会話になることが予想できるなら、それを自覚していなければならない。さもないと、自分でも意識しないうちに、あっさりと愚かな言い合いに引き込まれてしまう。ダイアローグから脱線している時間が長いほど元に戻るのも難しくなる。

問題をいち早く見つけるために、細心の注意を払って緊迫した会話の兆しを見落とさないようにしなくてはならない。一例として、身体の変化に気づく人がいるはずだ。みぞおちが固くなるとか、目が乾くという症状がこれに相当する。会話が緊迫しているとき、自分に起きる症状を想像してみよう。兆候は人によってさまざまに異なる。あなたが手がかりとする兆候は何だろうか。それに気づいたら、会話が収拾のつかない混乱に陥る前にスピードを落として立ち止まり、「自分から始め」なければならない。

最初に感情の変化で気づく人もいるだろう。自分の中に恐れや怒り、傷ついた感情が生まれ、それを抑制しようとしたり、感情的に反応したりする自分に気づく。感情の変化から緊迫した会話の兆しを発見したら、やはりスピードを落として立ち止まり、「自分から始め」よう。

身体や感情に関わる兆しでなく、行動が変化したことで気づく人もいるだろう。行動の変化とは声が大きくなる、相手を指さす、黙り込む、といった、自分の外側から見えるものである。本人は行動の変化が起きてから自分の感情に気づくことになる。

あなたが体験した、難しい話し合いを思い起こしてしてみよう。脳の活動が低下してあなたが健全なダイアローグから遠ざかり始めた瞬間、どんな兆しに着目していれば、いち早く気づくことができただろうか。

▼安心を揺るがす問題に注意する

緊迫した会話が始まったとわかれば、話に引き込まれてとり返しがつかなくなる前に、自分や相手の状況にも注意を向けられるはずだ。そのとき、具体的に何を見て、何に気づけばいいだろうか。

優れた会話のスキルを備えている人々が注目するのは、安心という要素だ。彼らも内容に注意を払うが、相手が不安を感じていないかどうかにも注意する。

安心感に注意するには理由がある。安心しているとき、人はどんなことでも話すことができる。しかし、安心のないところで思いが自由に行き交うことはなく、ダイアローグの成功はありえない。自由に皆の思いを行き交わせようとしているとき、怖れの気持ちほど有害なものはない。誰も自分に賛成してくれないかもしれないと不安なら、強く主張してしまうかもしれない。損をするかもしれないと恐れていれば、会話から逃げ出そうとするだろう。

戦うにせよ逃げるにせよ、行動の根底にある感情は同じである。逆に考えると、相手を十分に安心させることができれば、どんなテーマについても自由に話せるし、相手は耳を傾けるはずだ。攻撃されたり侮辱されたりする心配がなければ、どんな話も反発せずに聞くことができる。

自分の経験を思い起こしてみよう。あなたには、傷つくほど厳しい意見を反発せずに受け入れた経験はないだろうか。意見を受け入れて考えさせられ、心から反省したような経験だ。もし答えがイエスなら、なぜなのか考えてほしい。その答えは、相手があなたのことを親身に考えていると、あなた自身が信じていたからだ。相手の動機と能力を信用した結果、相手の意見を受け入れても安心だと感じたのだ。相手の言葉に反発して自分を守る必要はなかった。

逆に言えば、安心できないときはどんな意見も受け入れることができない。共有の思いのプールに蓋がかぶせられているようなものだ。善意から発した言葉すら、疑われてしまう。

安心に意識を集中していれば、ダイアローグから脱線しかけたときに気づくだけでなく、脳の活動を活発に維持することもできる。先にも述べたが、感情が昂るとともに、脳の高度な思考機能はシャットダウンしていく。相手と戦う準備が始まるのだ。すると周辺視野が狭まる。つまり強い恐怖を感じているときは、目の前のものしか見えない。同じように、会話の結果について強い恐怖を感じると複雑な思考ができなくなり、自分の主張を通すことしか考えられなくなる。だから、言い合いをしているときには、話の内容から離れて、恐怖の原因を探そう。それにより、脳の思考機能が活発になり、周辺視野が回復してくる。

安心が不足すると、とりとめのない会話になりやすい。安心が揺らいでいる人は、相手に対して意地悪な行動を取ることに注意してもらいたい。相手が安心していないと分かれば、あなたも「相手は安心していないぞ。どうにかして安心させなくては」と考えるはずだ。いや、考えなくてはならない。

相手は不安からあなたをからかい、侮辱し、動揺させる。するとあなたも、礼儀正しく振舞えなくなる。相手の攻撃は相手が感じる不安の表れなのだが、そのように解釈することができないと、相手の攻撃に仕返しをしたり、逃げ出したりする。どちらにしても、会話の内容と状況を同時に処理しているとは言えない。戦いに引き込まれて、相手と一緒に会話をこじれさせているだけだ。

重要なポイントは、沈黙や暴力を相手が感じる不安の信号だと解釈し、仕返しをしたくなる本能を抑えることだ。逃げるか戦うかといった、何世代にもわたって遺伝子に埋め込まれた行動様式を改めて、相手から受けた刺激を解読しなくてはならない。「これは相手からの不安信号だ」と。そして安心させるために何かをする。安心させる方法は次の章で詳しく述べるが、ここでは安心に注意を払うことと、相手の行動に対して怒ったり怖れたりするのでなく興味を持つ必要がある、ということを理解しておきたい。

▼沈黙と暴力

不安を感じ始めた人は、二つの不健全な方法のいずれかに訴えようとする。沈黙するか（共有の思いのプールに思いを入れない）、暴力を使う（共有の思いのプールに思いを押し込む）のだ。先ほどの喩えで言えば、水中にいる見えにくいマスでも、何を目印に探せばいいのかが分かれば見えやすくなる。同じように、一般的に沈黙と暴力がどのような形で表われるかが分かれば、沈黙や暴力が始まったとき、直ちに安心の問題に対処できる。そして話の本題から離れ、相手を安心させてからダイアローグを再開することができる。

▼沈黙の三パターン

意図的に情報を共有の思いのプールに入れないようにする行為が沈黙である。ほとんどの場合、問題から目をそむけるために行われ、思いが自由に行き交うのを妨げる。具体的な方法はさまざまで、言葉遊びをして話をはぐらかすことから物理的に相手を避けるものまである。よくある沈黙の三つのスタイルは、「仮面」「回避」「撤退」だ。

仮面は、本音を言わないか、部分的にしか伝えないことだ。嫌味を言う、オブラートに包んだ言い方をする、ほのめかす、などの形で用いられることが多い。

「素晴らしいアイデアだと思う。まったくすごいよ。不安な点があるとすれば他の人たちがその繊細なニュアンスに気づかないかもしれないことだね。まだ時期尚早なアイデアというか……。受け入れてもらうには早すぎて、少し反発を受けるかもしれないね」

本心……君のアイデアはとんでもないぞ。みんな猛反対するはずだ。

「ディスカウントはとても効果があるだろうね。石鹸一箱あたり六セントの得だからね。皆が遠くからも車で買いに来てくれるよ。どうしたらそんなアイデアが思いつくんだろうね」

本心……バカバカしい。

回避は、その話題を完全に避けることだ。話はするが核心の話題には触れようとしない。

「あなたの新しいスーツ、いいわね。あのブルーは私の大好きな色よ」

本心……悪趣味ね。仮装パーティにでも行くつもり？

「経費削減のアイデアと言えば……、そういえば昨日のテレビを観た？　ジョーイが大金を相続していろんなものを買いまくるんだ。爆笑ものだったよ」

本心……経費削減の話はしないでおこう。喧嘩になるだけだから。

撤退は、会話に参加しないことだ。会話を止めたり、部屋から立ち去ったりする。

「失礼。この電話をとらなきゃいけないので」

本心……無意味なミーティングを続けるくらいなら昼寝でもしているほうがましだ。

「悪いけど、もう費用分担の話はしたくないよ。これ以上言い合いすると、関係が壊れそう

だから」（部屋から出て行く）

本心……こんな簡単な相談ですら穏やかに話すことができない。

▼暴力の三パターン

暴力とは、言葉を巧みに使う説得やコントロール、強要などによって、相手を自分の思い通りにする行為を指す。強制的に自分の思いを共有の思いのプールに押し込むため、安心を損ねる行為だ。相手を中傷することから、一方的に話すことや脅迫することまで、その方法はさまざまだ。よくある暴力の三つのスタイルは、「コントロール」「レッテル」「攻撃」である。

コントロールは、自分のやり方を相手に強要することだ。自分の意見を押し付けたり、会話の主導権を自分が握ることで行われる。具体的には、話をさえぎる、事実を誇張して話す、絶対的な真実であるかのように話す、会話の主導権を握るために話題を変える、誘導的な質問をするなどの方法がある。

「君とのドライブにはこの車が最高だよ。これを買わない手はないよ」

本心……一生懸命ためた貯金を使うのはよくないと分かっているけど、どうしても欲しいんだ。


「あの商品を使ってみたけど、とんでもない代物だった。あの会社はいつも届くのが遅いし、サービスも最悪だって、誰でも知ってるよ」

本心……本当のところは知らないけれど、注意を引くために大げさに言っておこう。

レッテルは、人やアイデアにレッテルを貼り、型通りの人というイメージを与えたり、考えや行動がワンパターンだと強調する方法である

「君のアイデアは石器時代の発想だね。まともに考える人なら、誰でも私の計画を受け入れるはずだが」

本心……そんなキレのないアイデアを出してくるとは、あきれたな。

「彼らが騒いでいるからって、彼らの意見を聞くつもりじゃないだろうね。あいつらは本社の人間だよ。それに技術屋だ。これだけ分かれば十分だろう？」

本心……本社の人間と技術屋はみんな理屈っぽくて計算高いし、間違っている。それ以上何の説明もいらない。

攻撃は文字通りの攻撃だ。論争に勝つのみでなく、一歩進んで相手を苦しめようとする行為である。方法としては、相手を見くびることから脅迫することまで含まれる。

「つまらないことをしたら思い知らせてやる」

本心……君を中傷するだけでなく、脅してでも、自分の意見を絶対に通してやる。

「皆ジムの言うことなんか聞いたりするな。すまないね、ジム。ただ君の本心が僕には手に取るように分かるんだ。自分のチームに都合よく仕組んで、他のチームに後始末させるつもりなんだろう。前にも君のやり方を見たことがあるからね。自分のしていることが分かっているのか？　悪いけど、この件は誰かが勇気を出して言わなきゃならないから」

本心……自分の意見を通すためなら君の批判だっていとわないし、誠実な人間は俺一人だっていう演技だってするさ。

▼ストレス時のスタイルに注意する

会話の内容と状況を注意深く観察しているとしよう。会話が緊迫する一瞬を見逃さないために、安心が揺らぐ兆しに注意し、しかも、安心が損なわれると沈黙や暴力がどんな形で表れるかも分かっている。ではこれで見つけるべきものがすべて見えるようになったのだろうか？

答えはノーだ。というのも一番見えにくいのは自分自身だからだ。

ほとんどの人は、引き込まれるように口論に吸い寄せられ、脱出するのに苦労する。さらに、相手があらゆる手段で問題を複雑にしてくれる。鷹のように鋭い目で観察していないと、何が起こるかわからない。自分の行動から注意がそれても不思議はない。それに、自分自身を客観的に観察すること自体、難しいものだ。

とりわけ、自分の意見や信念に夢中になっていると、周囲の人への配慮がおろそかになり、自分がしていることを見失いやすい。その結果、自分の意見を強引に通そうとしたり、場をわきまえずに話したり、無駄な行動をしたりする。

自分の行動を客観視できないのは滑稽なものだ。たとえばあなたが、予約した店に約束の時間に行ったのに一時間以上も待たされたと妻に話したとしよう。妻はそれが単なる約束時間の誤解だと指摘して「怒らなくてもいいのに」と言う。

あなたは言下に否定する。「怒ってなんかいない」

こめかみに青筋を浮かべ唾を飛ばしながら話している様子は、あなたの言葉とまったく反対なのだが、もちろん自分の様子を見ることはできない。あなたは妻が笑ったことまで気に入らない。

「何かあったの？」と尋ねられて、「なんでもない」と否定するときも同じだ。言葉とはうらはらに、うつむいて足を引きずっている様子から、本当は傷ついていることが窺える。

▼注意を怠らずに自己観察する

どうすれば口論に引き込まれずに、自分の行動やその影響を観察できるだろうか。それには、注意を怠らずに自己観察しようとする気持ちが大切だ。自分の行動とその影響をつぶさに見て、自分が安心感を強めているのか弱めているのか観察しておかなくてはならない。

▼ストレス時のスタイル・テスト

あなたは日頃、どのくらい自己観察できているだろうか。自分をよく知る良い方法の一つは、ストレスを感じた時に取る行動のスタイルを調べることだ。会話が思うように進まないときにあなたは何をするだろうか。自分のスタイルを知るために次の質問に答えよう。このテストでは、緊迫した会話の最中に自分が用いる沈黙や暴力が分かる。さらに、本書の内容で自分にとってもっとも役立つのはどの章かも示してくれるはずだ。

▼テストの方法

以下の質問は、緊迫した会話のときに自分がよく使う反応を見つけ出すためのものである。回答を始める前に、まず職場や家庭の特定の誰かを思い浮かべよう。想定した人と緊迫した会話をしているとしたらどんな行動を取るか考えながら質問に答えてほしい。（Y＝はい、N＝いいえ）

1. 相手との間に何か問題があると、相手に会わないように避けることがある。　Y・N
2. たんに相手と関わりたくないという理由だけで、電話での返事や電子メールの返信をしないことがある。　Y・N
3. 誰かがデリケートで扱いにくい話を持ち出すと、話題を変えることがある。　Y・N
4. 厄介でストレスを感じるような話題のときには、率直に意見を言わず、本心を隠してしまうことがある。　Y・N
5. 自分の意見を言わずに、冗談や嫌味を言ったり当てこすりをすることで、フラストレーションを伝えている。　Y・N
6. 話しにくい内容の場合には、お世辞を使って相手のショックが小さくなるようにする。　Y・N
7. 相手に理解してもらうために自分の主張を誇張することがある。　Y・N
8. 会話の主導権を失いそうになると、自分の思い通りにするために相手の話をさえぎったり話題を変えたりする。　Y・N
9. 相手の主張が取るに足らないと感じると、はっきりとそう言うことがある。　Y・N
10. 相手の発言に驚くと、「いい加減にして」「バカなことを言わないで」などと相手が攻

撃や強制だと受け止めかねない言葉を使うことがある。　Y・N

11. 話が白熱してくると、相手の主張に対して反論するのではなく、相手を個人的に傷つける発言をする。　Y・N

12. 白熱した議論のとき、相手に対して厳しい態度に出るほうだと思われている。相手は侮辱されたとか傷ついたと感じているかもしれない。　Y・N

13. 大切な話をしているとき、自分の意見を主張するのではなく、相手を論破しようとすることがある。　Y・N

14. 厳しい会話が続くと内容に気を取られて、自分が相手にどのように見えているかを忘れてしまうことがある。　Y・N

15. 話がうまくいかなくて不適切な言動をした場合には、すぐに謝る。　Y・N

16. うまくいかなかった会話を思い返すときには、相手の過ちよりも先に自分の過ちのことを考える。　Y・N

17. 相手が嫌がる話を伝えなくてはならないときは、厳しい結論から始めるのでなく、自分がどのように結論に至ったかを相手に分かってもらうための事実説明から始める。　Y・N

18. 会話の途中、相手が本音を隠していたり自己防衛的になっていると、すぐにそれがわかる。 Y・N

19. 厳しい意見を言うと後で深刻な問題を起こすかもしれないから、言わないことがある。 Y・N

20. 会話がうまくいかないときは、議論からいったん離れて何が起きているのかを考え、状況を改善する手段を取る。 Y・N

21. 相手が自分への誤解から身構えているときは、自分が意図したこと、意図しなかったことを明確にしてすぐに正しい軌道に戻す。 Y・N

22. 特定の誰かに対してとくに辛く当たることがある。というのも、その人にはそのような態度が必要だし、それがふさわしいというのが正直な気持ちだからだ。 Y・N

23. 自分が絶対正しいかのように、「事実はこうです」「明らかにこうです」という言葉を使って自分の主張を通そうとするときがある。 Y・N

24. 相手が意見を述べるのをためらっているときには、その内容が何であれ真摯な気持ちで相手が考えを口に出すように奨める。 Y・N

25. 話し合うだけ時間の無駄のような愚かな意見を発言させないために、自分の意見を強

く主張することがある。　Y・N

26. 緊張感が高まっているときでも、その場の人々の反応に素早く合わせて、新しい方法に切り替えることができる。　Y・N

27. 相手と自分の意見が食い違っているときには、共通点を探す努力をするよりは自分が勝とうとする。　Y・N

28. 状況が思わしくないときには、自分の役割や責任を反省するよりも相手の過失のことを考える。　Y・N

29. 自分の主張を強く述べたときは、一生懸命に相手の意見、とりわけ反対意見を聞こうとする。　Y・N

30. 他の人が発言をためらっているときは、安心して正直に話してもらえるようにあらゆる手段を尽くす。　Y・N

31. すでに結論の出た問題について、記録を取っていなかったために再度議論し直すことがある。　Y・N

32. 最終的な意思決定に参加できるはずだと周囲の人に期待を抱かせてしまったのに、自分が決定を下したことで彼らの気分を害したことがある。　Y・N

33．メンバーが多すぎて意志決定に時間がかかるグループを見ると、フラストレーションを感じることがある。　Y・N

▼ストレス時のスタイルの集計

テストを終えたら、表４－１と表４－２を使って回答を集計しよう。それぞれのボックスに二〜三個の質問が割り当てられて、質問の番号の横には（Y）（N）と記されている。たとえば表４－１で「仮面」の質問５の横には（Y）と記されている。もし、この質問へのあなたの答えがY（はい）ならばチェックを入れる。一方、表４－２の左上のボックスにある質問13の横には（N）と記されている。この場合は、あなたの回答がN（いいえ）のときにチェックを入れる。

表４－１のスコアが示しているのは、あなたが頻繁に使う沈黙や暴力だ。表４－２のダイアローグ・スキルのスコアは、章のテーマに沿って分類されている。このスコアから本書のどの章がもっとも役立つかがわかるはずだ。

表4-1　ストレス時のスタイル・テスト　集計表

沈黙 ✓チェックの合計＝□個	暴力 ✓チェックの合計＝□個
仮面 □ 5(Y) □ 6(Y)	コントロール □ 7(Y) □ 8(Y)
回避 □ 3(Y) □ 4(Y)	レッテル □ 9(Y) □ 10(Y)
撤退 □ 1(Y) □ 2(Y)	攻撃 □ 11(Y) □ 12(Y)

表4-2　ダイアローグ・スキル　集計表

第3章　自分から始める □ 13(N) □ 19(N)　✓チェックの合計 □ 25(N)　＝□個	第7章　プロセスを告げる □ 17(Y) □ 23(N)　✓チェックの合計 □ 29(Y)　＝□個
第4章　状況を見る □ 14(N) □ 20(Y)　✓チェックの合計 □ 26(Y)　＝□個	第8章　プロセスを引きだす □ 18(Y) □ 24(Y)　✓チェックの合計 □ 30(Y)　＝□個
第5章　安心させる □ 15(Y) □ 21(Y)　✓チェックの合計 □ 27(N)　＝□個	第9章　行動につなぐ □ 31(N) □ 32(N)　✓チェックの合計 □ 33(N)　＝□個
第6章　ストーリーを創る □ 16(Y) □ 22(N)　✓チェックの合計 □ 28(N)　＝□個	

▼スコアからわかること

スコアはあなたが頻繁に使う不適切な「沈黙」と「暴力」を示す物差しである。沈黙と暴力の両方で高いスコアが出ることもある。高いスコア（ボックスあたりのチェック数が一～二）はあなたがこの方法をかなり頻繁に使うことを示す。あなたも多くの人と同じように普通の人間だということだ。多くの人は意見を包み隠すことと押し付けることの間を行ったりきたりする。

図4－2の七つのボックスは七つの章のそれぞれに対応するスキルをあなたがどのくらい備えているかを示している。高いスコア（ボックスあたりのチェック数が二～三）ならばこの領域については相当のスキルをすでに身につけていると考えられる。低いスコア（ボックスあたりのチェック数が〇～一）ならば対応する章に特に注意を払うと良いだろう。

このスコアはストレスがある会話、あるいは緊迫した会話における典型的な行動を表したものだが、この行動は変えることが可能だ。スコアは生まれつきの気質や遺伝的特徴を示しているわけではない。このテストは単にあなたの行動を知る手がかりであり、行動は変えることができるものなのだ。この本を読んで各章に示されているスキルを真剣に練習すれば、必ず変化が起きるはずだ。それによって人生が大きく変わることになるだろう。

ストレス時のスタイルがわかれば状況を見るときに役立つ。微妙な会話に先立って自分が思い当たる沈黙や暴力を避けるように気持ちを整えておけるし、会話の途中でも注意できるようになる。

第5章
安心させる——何でも話せるようにする

彼らはとても長い間一緒に住んでいたので、言い争いを会話だと思い込んでしまった。

——マージョリー・ケロッグ

前章では一つのルールを見つけた。お互いの安心が揺らぎ始めたら、会話の本題から離れて安心を取り戻すのだ。そうすれば、ダイアローグを続ける方法が見つけられる。この章では、安心を取り戻す方法について考える。

最初に、あるカップルが極めてデリケートで厄介なテーマ、性生活について話しているのに耳を傾けてみよう。安心が揺らぐとはどういうことかよく分かる事例だ。

この話の背景として、夫のジョサムは自分と妻のイボンヌがベッドを共にする回数が少なすぎると考えている。一方、イボンヌは二人の性生活には満足している。何年もの間、二人がこのわだかまりについて話し合ったことはなく、行き違いが生じていた。

たとえば、ジョサムの気持ちが昂っていてもイボンヌが取り合わないと、彼は不機嫌になって黙り込み、その後数日間はイボンヌを避けて過ごす。

イボンヌも、ジョサムの様子に気づいている。だから、そんな気分になれなくても、ときにはジョサムに合わせている。そうすれば、ジョサムが不機嫌に黙り込むのを止めるのでは、と願っている。しかしおかげで、ジョサムのことが疎ましくなり、なかなかロマンティックな気分になれない。

ジョサムがしつこくすればするほど、そして不機嫌な様子を見せるほど、イボンヌは彼に魅力を感じなくなり関心を失ってゆく。ジョサムに合わせているという疎ましさばかりが募るのだ。二人が緊迫した会話を避けて、わだかまりの気持ちを行動で示せば示すほど、お互いの心は離れていく。そこでイボンヌはジョサムと話をしようと決意した。お互いに腹を立てて怒り出す前にこの件を解決しようと、ソファでくつろいでいるタイミングを選んだ。話は次の通りだ。

イボンヌ「ジョサム、昨日の夜の話をしてもいい？　私が疲れているって言ったことなんだけど」

ジョサム「そんな話をする気分じゃないな」

イボンヌ「どういう意味？」

ジョサム「何をするか、いつも君が決めるのはよせよ。もううんざりだ！」

イボンヌ（立ち去る）

▼本題から離れる。安心させる。本題に戻る

イボンヌの出来はどうだっただろうか。彼女は話題を持ち出そうとしたが、ジョサムが意地悪な言葉を返したので、いたたまれなくなった。このような、自分の思いを安心して打ち明けられない状況になったとき、どうすれば健全なダイアローグに戻れるだろう。

鍵は、話の内容から離れることだ。相手の言葉に囚われてはならない。イボンヌはジョサ

ムの言葉に囚われ、傷つき、部屋から立ち去ってしまった。ジョサムの行動に注意していれば、彼が使った皮肉が前章で説明した「仮面」であることに気づいたはずだ。自分のわだかまりを言葉にする代わりに、ジョサムはイボンヌを責めた。それはなぜだろうか。ジョサムはダイアローグをするのが不安なのだ。しかしイボンヌはこれを見落としてしまった。

断っておくが、ジョサムの行動が許されるべきだと言っているわけではない。イボンヌが我慢するべきだと言っているのでもない。思い出してほしいのだが、最初にすべきことは、「自分から始める」だ。イボンヌはまず、「本当に欲しいものは何か」と、自分自身に問いかけなくてはならない。

心から健全なダイアローグを望んでいるなら、目前の問題、つまりジョサムの皮肉についてはしばらくの間、脇にどけておくべきだろう。

この場でのイボンヌのチャレンジは、相手を安心させることだ。十分に安心させて、二人の性生活やジョサムのイボンヌに対する接し方、あるいはそれ以外の悩みについても話し合える状態を作らなくてはならない。相手を安心させられなければ、沈黙と暴力の駆け引きが続いてしまう。

では具体的に、考えてみよう。

今回の二人のやりとりは最悪だった。お互いが心の底から切実に安心感を求めているのに、ジョサムはそれを無視したばかりか、相手がどう受け止めるかも考えずに衝動的に言葉を口にした。一方イボンヌは、この話題は危険なのだと勝手に結論を出して沈黙してしまった。

少しばかり会話が上手な人は、すぐに安心の不足が問題だと気づくが、残念ながら間違った方法で問題を解決しようとしてしまう。相手が受け入れやすいように、言葉を濁すのだ。「ねえ、私はあなたと一緒にいたいと心から思っているの。でも仕事が忙しくてストレスも溜まっていて、一緒にいてもその気になれないの」。つまり、メッセージをオブラートにくるみ、内容を薄めることで安心して話せるようにするのである。この話し方は事の本質を避けて通ることになるので、問題の解決にはならない。

ダイアローグ・スキルを身につけている人は、演技をしたり、オブラートに包んだり、嘘を言ったりしない。彼らのやり方は、普通とはかなり違う。伝えたい内容からいったん離れて距離を置き、相手を安心させてから、再び内容に戻るのだ。

たとえばこんなふうに言うのだ。「ちょっとの間、違う角度から話してもいいかしら。二人揃ってロマンティックな気分になれないと、どんなことが起こるのか説明したいの。どうしてこんなことになるのか、二人とも分かっていたほうがいいと思うのよ。あなたが悪いと言うために話をしたいのではないわ。自分は悪くないと言うつもりもない。二人が満足できる解決策を見つけたいの」

▼共通の目的を探す

論争になりやすいテーマや、感情的になりやすいテーマについて話さなければいけない場合もある。そういうときでも、相手を安心させる方法がある。最初のステップは、次に挙げる安心の二つの条件のうち、どちらが揺らいでいるか見分けることだ。それぞれ異なる解決策が必要になるからである。

▼そもそもなぜ話すのか？

厳しい意見をされたのに、自分が反発せずに相手の話を受け入れたときのことを思い出してみよう。たとえば友人が、言いづらい話をした。誰が聞いても怒り出すような内容だったにも拘らず、あなたにきちんと伝わった。そのとき、あなたは友人があなたやあなたの将来を心から心配していると感じていたはずだ。つまりあなたが友人の話の目的に疑いを感じていなかったから、辛い意見でも受け入れられたのだ。

緊迫した会話が、時として予想もしない方向に脱線してしまうのは内容のせいではない。相手が話の目的に不信感を抱いているからだ。

会話に安心をもたらすためにまず必要なのは、共通の目的である。共通の目的があるとは、共通の結果を得るために会話をすることであり、あなたが相手の目標、利益、価値観を大切にしていると相手が感じていることだ。同様に、相手もあなたの目標、利益、価値観を大切にしているとあなたが感じていなくてはならない。共通の目的は、ダイアローグを開始する条件である。共通の目的を見つけることができれば、必然的に会話が必要になり、健全な会話の環境が生まれる。

たとえば、イボンヌが話題を持ち出した目的が、ジョサムを非難したり、イボンヌの考えを押し通すことだとジョサムが思い込んでいるなら、この会話は最初からうまくいかないだろう。だが、イボンヌの目的は二人の関係を改善することだとジョサムに信じてもらえるなら、会話がうまくいく可能性がある。

▼共通の目的が揺らいでいる兆しに注意する

会話の状況が思わしくなくなったとき、どのようにすれば、それが共通の目的がないからだと分かるだろうか。これは意外と簡単だ。共通の目的が揺らぎかけると口論が始まる。たとえば、相手が意見を共有の思いのプールに押し込んでいるとする。その理由は、あなたが論争に勝とうとしていると考えた相手が、やり返しているからのことが多い。このほかにも、相手が反発する、悪巧みを隠す（よこしまな目的が沈黙の形で現れたもの）、非難する、同じ話を繰り返す、などの行動を示しているときには、次のように気をつけなければならない。

- **この会話での相手の目的を私が大切にしていることが、相手に伝わっているだろうか？**
- **相手は私の動機を信用しているだろうか？**

▼共通の目的は共有されてこそ価値がある

共通の目的を見出すことはたんなるテクニックの問題ではない。緊迫した会話で成功するには、相手の利益を心の底から大切にしていなくてはならない。利己的な態度をとってはならないのである。もし自分のやり方を通したり、相手を思いのままに操ったりすることを目論んでいれば、すぐに化けの皮がはがれ、安心が失われて沈黙か暴力が始まるだろう。会話の前に自分の動機を確かめ、自分の内面を見つめ直すために問いかけよう。

- **自分のために本当に欲しいものは何だろうか？**
- **相手のために本当に欲しいものは何だろうか？**
- **お互いの関係のために本当に欲しいものは何だろうか？**

▼相互性を探す

さて、一見したところ会話の目的があなただけに都合の良い、身勝手なものに見える事例を取って、共通の目的についてさらに考えてみよう。

たとえばあなたが、きちんと職責を果たさない上司に困っているとしよう。あなたはそのことを本人に伝えたいと考えているが、そんなことを口に出せば、上司は自己防衛し、仕返しをするだろう。というのも、上司にとってはそれが部下側からの一方的な意見だからだ。ではどのように共通の目的を見つけ出せば良いだろうか。

仕返しされるような不幸な事態を避けるためには、上司に、あなたの話を聞きたいと感じてもらう必要がある。そのために共通の目的を見つけ出して、上司が会話に参加する動機を与えるのである。上司と話す唯一の理由があなたの要望を通すことならば、上司にはあなたの言葉が一方的な非難にしか聞こえない。しかしあなたが相手の視点を理解した上で話せば、相手にとって居心地の悪いテーマであっても往々にして相手から望んで会話に入ってくる。

たとえば、上司のせいであなたが肝心の納期を守れなかったり、上司にとって不都合な経費が発生したり、生産性がダウンしたりするならば、共通の目的がすぐに見つかるかもしれない。

こんなふうに持ち出すとどうだろう。「ちょっと提案させていただきたいことがあります。これは懸念しておられる問題の解決にもなると思います。それに毎月のレポート作成コストを一千から二千ドルは節約できそうです。少し申し上げにくいことなのですが、お話しできればいい結果が出ると思います」

▼相互の敬意

共通の目的が存在しなければ、緊迫した会話を始めても意味がないのと同じように、相互の敬意が存在しないならダイアローグを継続できない。相互の敬意はダイアローグを継続する条件だ。自分が相手から見下されていると感じた途端に、ダイアローグは音を立てて止まってしまう。

敬意とは空気のようなものである。相手から敬意が感じられないと、そのことばかり気になってしまう。もし軽蔑されていると少しでも感じたら、その瞬間に会話は最初の軌道から外れていき、尊厳を取り戻すことだけに終始してしまう。

たとえば、あなたが他部門の同僚たちに、品質を左右する複雑な問題について説明をしているとする。未解決のままだと仕事に多大な支障をきたすため、あなたとしては問題を根本から一掃したい。一方であなたは、同僚たちには役職に見合う資質が不足していると感じている。仕事の実態とは不釣り合いな高給を取って、明らかに能力の限界を超えた役職についており、いつも愚かな行動をしている。倫理的に問題のある行動をする者すらいる。彼らがとんでもない意見を出すたびに、あなたは仰天する。

そのうち、同僚たちに対する軽蔑心がちょっとした振る舞いに現れてしまったらおしまいだ。たとえ共通の目的が存在したとしても、この後の話し合いは迷走するだろう。同僚たちはあなたの提案に嫌味を言い、あなたは言葉尻に侮辱的なニュアンスを込めてコメントする。どちらの主張が通るかの勝ち負けのみが問題になり、最後には誰も勝者になれない。相互の敬意が失われたことによって、共通の目的も揺らぎ、失われていく。

敬意が失われ、安心が揺らいだと思ったら、その場の人々が尊厳を守るための自己防衛に走っていないか観察することだ。重要な鍵は感情だ。人は軽蔑されたと感じると躍起になる。不安が怒りを引き起こして、機嫌が悪くなったり、中傷したり、叫んだり、脅迫したりする。そのような兆しを見つけたら、相互の敬意を確認するため次のように自問しよう。

・私が相手に敬意を払っていることを相手は信じているだろうか?

▼尊敬できない相手にも敬意を払えるか?

どんな状況でも、共通の目的や相互の敬意を持ち続けることなどできるのだろうか。この点を不安に感じる人もいるはずだ。言い換えれば、過去の経験や背景、道徳観や価値観がまったく違う人と共通の目的を持つことが、はたして可能なのかということになる。たとえば、かつてあなたの期待を裏切った人物に敬意を払えるだろうか？　それも一度でなく何度も失望させられたような身勝手でふざけた人間ならどうだろうか？

イボンヌの場合がまさにこのケースだった。ジョサムのことを好きになれない瞬間がイボンヌにはある。彼は泣き言ばかり言って自己中心的だ。

ありとあらゆる目的を共有し、お互いの全人格に敬意を払おうなどとすれば、ダイアローグは初めから失敗するだろうし、誰も口を開くことができなくなってしまう。しかしダイアローグを継続するために、相手のごく基本的な人間性に対して敬意を払うことならできるだろう。軽蔑の気持ちは、往々にして自分と相手との違いから生まれてくる。だから、あえてお互いの共通部分に目を向けることで、乗り越えることができる。相手の行動を許すのでなく、相手の立場に立って、感情移入するのである。

かつてうまい言い回しを使った人がいた。「主よ、この罪びとを許す力を私にお与えください。この罪びとは私とは違う罪を犯しました」。どんな人にも弱みがあると思えば、相手に敬意を抱くのもそれほど難しくない。とっつきにくい人に対しても、親近感を持ったり共感したりできるようになる。それが困難な会話に向かう原動力となり、相手を選ばずにダイアローグすることを可能にしてくれる。

次のエピソードについて考えてみてほしい。あるメーカーでかれこれ半年もの間ストが続いていた。組合側はしぶしぶ業務の再開に応じたものの、組合員たちは最初に要求した内容よりも不利な契約を呑まされてしまった。仕事に復帰した最初の日、彼らの足取りは重く笑顔もなかった。みんなひどく怒っていた。こんな状態でやっていけるとは思えなかった。

ストが終結しても会社と組合の対立が続いていることを心配した経営陣の一人が、筆者の一人に助けを求めてきた。彼は組合側と経営陣それぞれのリーダーを集め、彼らを別々の部屋に分けた。そして双方に、会社のあるべき将来像を模造紙に書き出してもらった。その作業は二時間にわたって続けられ、やがて模造紙は壁に張り出された。作業が終了したところで互いに相手と部屋を入れ替わり、どんなものでもいいから共通点を見つけるようにと指示された。

まもなく両方のグループが研修室に戻ってきた。皆驚き、感動していた。リストに書き出された将来像はまったく同じだったのだ。どちらも収益力が高く、地元に貢献できる企業になることを理想としていた。相手に揚げ足を取られる心配はいったん忘れて自由に話し合いをするように指示されると、全員が自分の思いを語り出した。この経験は、どれほど相手を色眼鏡で見てきたかを真剣に反省するきっかけとなった。双方が相手への親近感を抱くようになっただけでなく、相手側の姑息な政治的策略が、じつは自分たちの策略とそっくりであることにも気づき始めた。相手の犯した「罪」が自分たちのものと違うのは、人格的な問題のせいでなく、相手が担う役割によるものだったと理解した。こうして両者はお互いに敬意を持って対応できるようになり、何十年も続いた沈黙と暴力に代わって、ダイアローグをスタートさせることができたのである。

▼本題から離れて何をするのか

このように考えてくると、共通の目的と相互の敬意のどちらか一方でも揺らいでいるのを発見したら、無視してはならないことが分かる。また相手がどれほど自分と違っていても、共通の目的を見つけ出して相互に敬意を示すことが可能であることも分かる。

では具体的にはどうすれば良いのだろうか。その答えとして、三つの強力なスキルを紹介しよう。

・謝る
・コントラスト化
・CRIB

この三つのスキルは、共通の目的か相互の敬意のいずれかを取り戻すために使われる。まずこれらがどのように使われるのか説明してから、実際にイボンヌのケースに当てはめて、ダイアローグを軌道に戻せるかどうか確かめてみよう。

あなたが今、現場の工場労働者と話しているものとする。彼らは昨晩、本社から来る視察団を迎えるため徹夜で準備をした。あなたが本社の事業部長を工場に案内して、彼らは新しい製造プロセスの説明をするはずだった。彼らはこのプロセス改善を誇りにしていたので、喜んで徹夜して、詰めの作業をしたのだった。

ところが残念なことに予定の時刻が近づいた頃、部長が爆弾宣言をした。ある計画を打ち明けたのだ。その計画にしたがえば、工場で生産する製品に重大な品質低下が起こり、最大の顧客を失うことになるかもしれなかった。そうなれば工場の将来を左右しかねない。一緒に過ごす予定時間は残り一時間しかなかったので、あなたは急きょ視察を取りやめ、部長と話し合うことにした。幸い計画は撤回されたが、悪いことに徹夜作業をしてくれたチームに声をかけ忘れてしまった。

部長を車まで見送ったあと、オフィスに戻るところでチームメンバーに出くわした。彼らは赤い目をし、失望しているのが見て取れた。皆ムッとしているのが分かった。本社の部長は工場に来なかったし、あなたからはそのことについての連絡もなかった。しかもあなたが軽快に戻ってくる様子から、メンバーのところで立ち止まって説明するつもりすらないことが明白だったのだ。

険悪な雰囲気になってきた。そのときメンバーの一人があなたに言った。「徹夜までしてずっと待っていたのに――。もうこんなことは、ごめんだ」

まずいことになったぞ。時間が止まったようだ。一気にその場が緊迫した。一生懸命だっただけに、相手はなおさら怒りがおさまらない。侮辱されたと感じているのだ。

しかし、あなたはそのことに気づいていない。相手の言葉を聞いた瞬間、あなたも侮辱されたと感じたからだ。あなたは相手が自分を攻撃するのは、工場視察が中止されたせいだと考えている。

「会社の将来と工場視察のどちらかを選ばなくてはならなかったから、会社の将来を選んだのだ。こんど同じことが起こったら、そのときも会社の将来のほうをとる」

あなたと彼らの間で、プライドをかけた論争が始まる。これでは会話は前進しない。相手の攻撃に対して仕返しすれば、悪循環を生むだけだ。

しかしこんなときでも、できることがある。相手の攻撃は安心が揺らいでいる兆しだと思い出そう。話の内容の是非を論じたり反論したりするのでなく、いったん本題から離れ、相手を安心させてから本題に戻るのである。実際の会話にあてはめながら考えてみよう。

▼必要なら謝る

間違って相手を傷つけてしまったら、まず謝ろう。謝罪はあなたが引き起こした、あるいは少なくともあなたが防げなかったせいで相手が感じた痛みや苦しみに対して、お詫びやいたわりを表現する言葉だ。

「工場に行けないと分かったときに電話をしなかったのは私の間違いだった。夜通し働いてくれて、プロセス改善の実績を見てもらうには最高の機会だったはずなのに、状況が変わったことを連絡しなかった。申し訳なかった」

うわべだけの謝罪には何の力もない。本心から誠実に謝罪するには、自分の動機を見つめ直す必要がある。面子を保とうとか、正当化しよう、議論に勝とうという考えは頭から追い出して、本当に欲しいものに集中する。間違いを認めるには、エゴを捨てなくてはならないが、それによって健全なダイアローグとより良い結果が得られるはずだ。誠実な謝罪を通して相手への敬意を示し、相手が安心したかどうか見てみよう。もし安心していれば、こんどは各論に入れる。安心していなければ、この後に説明する高度なスキルを用いる必要がある。どちらの場合も忘れてならないのは、相手を安心させてから本題に戻ることだ。

あなたの敬意や共通の目的への決意を相手が疑っていて、しかもそれが明らかにあなたの言動のせいだとしたら、誠実に謝罪をしないかぎり、いつまで会話を続けても無意味な言葉遊びに終始してしまうだろう。

▼コントラスト化で誤解を訂正する

前述の例は、明らかに不適切な言動のせいで相手を傷つけてしまい、敬意が失われるケースだった。一方、相手を見下すようなことは一切していないのに、緊迫した会話の途中で相手が軽蔑されたと受け止めてしまうケースもある。

同じことは共通の目的についても起こり得る。何の下心もなく意見を述べただけなのに、あなたの動機が誤解され、相手を打ち負かして自分の意見を無理強いすることが目的だと受け取られてしまうのだ。このような状況で謝罪が適切でないことは、明らかだ。悪いことをしていないのに自分が悪かったと言うのは誠実な行為ではない。では、安心してダイアローグを再開するために、どのように共通の目的とお互いの敬意を取り戻したら良いだろうか。

相手があなたの目的や動機を誤って解釈したときは、ひとまず会話の本題から離れる。そして、コントラスト化と呼ばれるスキルで相手を安心させる。

コントラスト化とは、否定部分と肯定部分の組み合わせによって対比させる表現方法である。

・否定部分では相手の不安の原因、すなわちあなたが相手に敬意を示さないとか、あなたにはよこしまな目的があるなど、について話す。

・肯定部分はあなたの敬意や本当の目的を確認する。

たとえばこんな具合だ。

（否定部分）「皆さんのプロセス改善の仕事ぶりを評価していないとか、初めから皆さんが徹夜して仕上げた成果を部長に見せるつもりがなかったなんてことは、まったくありません。考えてもいませんでした」

（肯定部分）「皆さんの仕事ぶりは目を見張るほど素晴らしいものだと思っています」

このように安心の揺らぎに対処した後でなら、話の本題に戻ってさらに詳しく説明することも可能になる。

「残念なことに、工場へ案内しようと思っていた矢先、部長との間で重要な案件が持ち上がりました。その場でただちに対応しないと、私たちの事業に多大な悪影響をもたらす可能性があるものでした。今日はとても残念なことになってしまいました。明日にでも再度来てもらえるかどうか打診してみたいと思いますが、どうでしょう。テープカットの式典までは、部長はここに滞在されますから、プロセス改善の成果を実際に見てもらえるようにお願いしてみます」

コントラスト化の否定部分は、相手の誤解を解いて安心させる極めて重要な部分だ。夜通し働いてくれた工場労働者の最初の言動は、あなたが彼らの仕事ぶりに感謝していないし、電話をするほど大切な人々だと思っていないと受け取めたことが原因だ。しかし事実はまったく逆である。そこであなたは、自分が意図していない相手の誤解を訂正する。それができて安心が確保されたら、自分が意図していることを説明する。今は安心させることを何よりも優先しなくてはならない。

イボンヌとジョサムのケースに戻ろう。イボンヌは会話を前に進めようとしているが、ジョサムは彼女の動機を疑っている。コントラスト化はどのような効果をもたらすだろうか。

イボンヌ「あなたが何日も口をきいてくれないと、ますます悪いほうにいってしまうと思うのよ」

ジョサム「いつも君に断られて我慢させられているのに、愛想よく幸せそうにしていろって言うのか」

イボンヌの話の目的はジョサムの行動を改めさせることだと思われている。安心が欠如した兆しだ。共通の目的が揺らいでいる。イボンヌは彼の皮肉に反応するのでなく、話の本題から離れて自分の話の目的を説明する。

イボンヌ「あなたが悪い、あなたに責任があると言うつもりはないの。だってこれは私たち二人の責任だもの。あなた一人に責任を押し付けようなんて思っていないし、どうしたら解決できるかも分からない。私はあなたと話をして、お互いのことをもっと理解できるようになりたいだけなのよ。そうすればあなたへの接し方も変えられるような気がするの」

ジョサム「分かってきたぞ。話し合いをしておけば、君が今までのように断り続けても、後ろめたくないってことだろう。こんどは『だって話し合ったじゃない』って言えるからな。くだらない人生相談の番組でも見たんだろう」

ジョサムは、イボンヌが二人の関係はこのままで良いと思っていると今も信じている。また、それがイボンヌの考えなら彼女はこれからも彼を拒絶するだろうし、そのことでジョサムに対してすまないと感じることはないだろう、と考えている。つまり、ジョサムはまだ安心できないでいるのだ。イボンヌはさらに本題から離れたまま、コントラスト化で安心させようとする。

イボンヌ「私は真面目なの。私たちがうまくいっていると主張するつもりはないわ。うまくいっていないもの。ただ、お互いに何が好きで何が嫌いなのかを話し合いたいの。そうすれば自分のどこを変えればいいのか分かるでしょう。二人がお互いに幸せな気分でいられるような解決策を見つけたいだけなのよ」

ジョサム「(口調と物腰を変えて) 本当なのか？　茶化したりして悪かったよ。自分が勝手だってことは分かっていたんだ。でもどうしたら自分の気持ちを変えられるのか、分からないんだよ」

大切なポイントは、コントラスト化が謝罪ではないことである。コントラスト化は、言葉を撤回するために用いるものではない。傷つけられたと誤解している相手に、自分が意図したことを正しく伝えて傷つけないようにするためのものだ。イボンヌが自分の目的を説明したので、ジョサムは安心して自分にも責任があることを認めた。だから二人は問題に正面から向き合えるようになった。

またコントラスト化では、問題の背景をはっきりさせ、問題の相対的な重要性を伝えることもできる。たとえば、状況によっては、相手があなたの発言を必要以上に深刻に受け止めることがある。たとえばあなたが、アシスタントに対して時間にルーズなのは問題だと注意したとしよう。それを聞いてアシスタントはすっかり自信を失ってしまった。

この段階で主張をトーンダウンし、話の内容を薄めてしまう人がいるかもしれない。「いやね、たいしたことじゃないんだ」のような言い方がそれにあたる。だが内容を薄めてはならない。自分がいったん口にしたことを撤回するのではなく、自分の言葉の相対的な意味合いを説明するのだ。この場合アシスタントは、あなたが自分の仕事ぶりに不満なのだと受け止めている。時間管理の甘さに対する指摘を、仕事ぶり全般への評価だと受け止めたのだ。これが間違いであるなら、コントラスト化によってあなたが思っていないこと、思っていることを明確化しよう。まずあなたが思っていないことから始める。

「もっと正確に説明させてもらえるかな。君の仕事ぶりについて満足していないなんて考えてほしくない。頼りにしているし、実際、君はとても頑張ってくれている。ただし、時間にルーズな点は私にとって大きな気がかりだから、努力して直してもらいたいのだよ。そこさえもう少し頑張ってくれれば、他には何も問題はないのだから」

また、予防措置や救急措置としてコントラスト化を用いるのも効果的だ。これまでの事例では、誤解が生じた後の対処法としてコントラスト化を使用した。しかしコントラスト化は、場の安心が失われるのを予防するのにも役立つ。

共有の思いのプールに言葉を注ぎ込めば、水しぶきが上がるほどの反発を招きそうだと予想される場合がある。そんなときに安心を増幅させる予防措置として、相手が沈黙や暴力を使い始める前にコントラスト化するのである。

「あなたが時間をかけて帳簿を整理してくれたことに、感謝していないなんて思わないでいただきたいのです。あなたの仕事ぶりにはとても感謝しています。私だったらとてもそううまくはできなかったはずです。ただ、新しいオンライン・バンキングの利用法については、少し問題があると思っています」

相手が誤解し、その誤解に対して自分が反論を始めたら「止まれ」の合図だ。コントラスト化しよう。意図していないことを説明して、相手を安心させてから伝えたい内容に戻るのだ。まず手をつけるのは安心の問題である。

▼やってみる

では実際に練習してみよう。次の文章を読み、コントラスト化するための文章を作ってみよう。繰り返しになるが、コントラスト化では自分が望まないことや意図していないことを、自分が望むことや意図していることと対比する。相手が安心するような言い回しでコントラスト化しよう。

・怒っているルームメート

あなたは、ルームメートと冷蔵庫を共有している。あなたのスペースにルームメートが勝手に物を置いているので、自分の棚に移してくれるように頼んだ。スペースを平等に分け合うだけのことで、たいした話ではないと思っていた。それ以上の意図があるわけではない。だってあなたはこのルームメートが大好きなのだ。ところが彼女はこう返事してきた。「またなのね。ああしろ、こうしろっていちいち指示するんだから。次は掃除機のダストバッグの交換の仕方まで指示するんでしょう」

コントラスト化の文を作ろう。

(否定)「　　　　　　　　　　」

(肯定)「　　　　　　　　　　」

・扱いにくい同僚

あなたは今から同僚のジェイコブと話すつもりだ。彼は人から何か言われると、すぐに興奮して過剰な反応をする。昨日も同僚が、ランチを食べたら片付けてほしいと頼んだところ、興奮してしまった。あなたは彼に何か言ったほうがいいだろうと考えている。しかし、他人に何か言われること自体が彼を興奮させるので、ごく慎重に話を始めなければならない。口調に気をつけて、問題の重要度がどれほどなのか上手に伝える必要がある。あなたを含め皆ジェイコブが大好きだ。彼は素晴らしいユーモアの持ち主だし、とても働き者で優れた能力を持っている。ただもう少し扱いやすい人であればいいのだが。

コントラスト化の文を作ろう。

（否定）「　　　　　　　　　　　　」

（肯定）「　　　　　　　　　　　　」

・おしゃべりなティーンエージャー

あなたの甥は父親（あなたの兄弟）を亡くした後、不良たちと付き合い始めた。やがて母親の手には負えなくなり、それ以来あなたの家に住んでいる。あなたは甥ととてもうまくやってきたが、一つだけ問題がある。それは甥が、夜中ではなく皆が起きている時間帯に何時間も電話やインターネットを使うことだ。目くじらを立てるようなことではないし、あなたも腹を立てているわけではない。ただ、家族が電話をかけたり、メールのチェックをするには不便なのだ。そこで電話やインターネットの時間を短くするように言ったところ、甥の返事はこうだった。「施設に送らないで。いい子にするから。約束するよ。もう友達と喋らない。お願いだから施設に送らないで」

コントラスト化の文を作ろう。

（否定）「　　　　　　　　　」

（肯定）「　　　　　　　　　」

▼共通の目的に到達するためのCRIB

さらにもう一つスキルを紹介しよう、このスキルは、明らかに双方の目的が一致せず、論争になったときに役立つ。そのようなケースでは、問題の原因が誤解ではないからコントラスト化は使えない。

たとえばあなたが昇進を打診されたとする。ただしそれには転勤が条件だ。受ければあなたのキャリアに磨きがかかり出世が早くなる。大きな権限も手に入る。給料も上がるから引っ越し費用の持ち出しも大きな痛手ではない。しかし一方で、家族は今住んでいるところが大変気に入っている。

昇進に伴う引っ越しだから、妻にとっては喜ぶ気持ちと悲しむ気持ちは半々だろうと予想していた。しかし、実際はまったく違っていた。彼女にとって引っ越しは悪い知らせでしかないようだ。引っ越しだけでも気が重いのに、あなたは今よりさらに忙しくなるだろう。だからあなたの給料が増えて権限が大きくなったとしても引っ越しは割に合わないと、彼女は感じている。さあ、どうしたら良いだろうか。

ダイアローグ・スキルがない人ならば、相手の反発を無視して強引に進むか、相手に合わせてしまうか、どちらかを選択することになるだろう。どちらの場合も勝者と敗者が生まれ、会話が終わった後にしこりが残る。頭の良い人だと、ここで妥協策を考え始める。たとえば夫が単身赴任し、今住んでいる家に家族が住み続けようということになる。しかし、こんな別居を心から望む人はいないだろう。深刻な問題を起こすかもしれないし、場合によっては家族の不和につながる。妥協が必要なときはあるが、最初から妥協に飛びつく必要はない。

ダイアローグに長けた人は、共通の目的を見つけるための四つのスキルを用いる。それは次のようなものだ。

▼第一ステップ――共通の目的を見出すことに決意する（Commit）

ほとんどのダイアローグ・スキルがそうなのだが、ダイアローグに戻りたいなら自分から始めなくてはならない。そのために、ここでは共通の目的を見つけると決意しよう。ダイアローグで成功するポイントは、自分の意見を強要しようとせず、沈黙や暴力をやめることだ。また、偽りのダイアローグ（相手があきらめるまでやんわりと反論し続けるような）によって共通の目的が存在するように見せかけるのもやめよう。共通の目的にかなった結論や解決策が見つかるまで、ダイアローグを続けると決意するのだ。「自分から始める」のである。とはいえ、実際にやるのは簡単ではない。言い合いをやめるには、自分の考えに執着しない潔さが必要だ。もしかしたら、全員の希望に適う選択肢が存在するかもしれないという可能性に、心を開く必要がある。

加えて、たとえ相手があなたを打ち負かそうとしていても、共通の目的を見出す自らの決意をはっきりと言葉に出せるようでなくてはならない。相手が不安にかられて沈黙や暴力を使ったとしても、自分は決意した通りに行動する。共通の目的への決意を示して安心させることができれば、建設的な話し合いをする可能性が開けるからである。

意見が異なる人と議論になったときは、議論の内容から離れて、このスキルを試してみよう。そして「お互いに自分の意見を押し通そうとしているけれど、私は今、決意した。お互いが納得できる解決策が見つかるまでダイアローグを続ける」と言うのだ。それによって場の安心感がどのように変化するかを見てみよう。

▼第二ステップ――手段の奥にある目的を理解する（Recognize）

最初のステップで、共通のゴールを見つけ出そうと心に誓ったら、次に相手が真に求めているものを聞き出そう。話が行き詰まるのは、自分と相手の求めるものが違うせいだ。その違いを乗り越える方法はないと思ってしまうのは、相手の本心が見えていないからだ。相手の言葉が伝えているものは、相手の目的を果たす手段でしかない。本当に欲しいものや本当の目的は心の中に隠れているのに、目的を手段と混同してしまうことが問題なのである。

たとえばあなたが家に帰ってきて映画に行きたいと言うとする。妻は家にいてくつろぎたいと言う。そこで議論をすることになる。映画だ、テレビだ、映画だ、読書だ、云々。外に出かけることと家で過ごすことは両立しないから、違いを乗り越えるのは一見不可能に思える。このような状況では、「なぜそれが欲しいのか」を聞くことによって、行き詰まりが打開できる。

「なぜ家にいたいの？」

「ずっと動き回っていて疲れているし、街は騒々しいし」

「つまり静かで落ち着いたところがいいってこと？」

「そういうこと。あなたはなぜ映画に行きたいの？」

「子供のいないところで時間を過ごせるように」


共通の目的に到達するには、まず相手が欲しがっているものを知らなくてはならない。それには手段に囚われることなく、手段の奥に隠された真の目的を見つけ出すことだ。これによって新たな選択肢が見つかる。注意して本当の目的に集中すると、共通の目的を満たす新たな選択肢の可能性が出てくる。

「君は静かで落ち着いたところが良くて、僕は子供のいないところで時間を過ごしたいというわけだ。静かなら出かけてもいいわけだね？」

「そうよ。渓谷にドライブに行くとか……」

▼第三ステップ――共通の目的を創り出す（Invent）

手段の奥にある目的を見つけ出した結果、双方の目的が両立可能だと分かり、あとは共通の手段を見つけるだけで違いを乗り越えられる場合がある。しかしいつもそんなに幸運とは限らない。自分が欲しいものを手に入れると、相手に犠牲を強いることになるかもしれない。このようなときは、共通の目的を見つけ出すことはできない。だから積極的に創り出す必要がある。

共通の目的を創り出すには、大きくて包括的なゴールを考えると良い。現在、両者を隔てているそれぞれのゴールより、さらに大きな意義のあるもの、大きく報われるものを考えるのだ。昇進を受けるか受けないかで夫妻が合意できない場合でも、二人の関係や子供たちとの関係が昇進よりも大切だという点には合意できるだろう。だとすると、より高次元の長期的なゴールから考えることによって、短期的な犠牲を乗り越える方法が見つかり、共通の目的に向けたダイアローグが可能となる。

▼第四ステップ ─ 新たな手段をブレインストームする（Brainstorm）

共通の目的を見つけて相手を安心させることができたら、本題に戻ることができる。ダイアローグに戻り、全員のニーズを満たす手段をブレインストームしよう。共通の目的が見つかっていれば、お互いを否定し合って衝突することにエネルギーを浪費することがなくなる。全員の希望を満たす選択肢を積極的に考えることができるようになる。

拙速な判断を下さず、自分が今いる小さな世界から飛び出して考えよう。昇進を断って、自分の願いを実現できる仕事は見つけられるだろうか。今の会社の仕事以外に自分が納得できるものはないだろうか。新しい仕事を引き受けるとしたら、引っ越し以外の選択肢はないだろうか。別の都市に引っ越すことで、今と同じ利便性が得られる可能性はあるだろうか。自分から進んで創造性を発揮しようとしなければ、互いに合意できる選択肢を考え出すことはできない。だが、それさえできれば無限の可能性が開けてくる。

▼共通の目的に到達するためのＣＲＩＢ

では、ここまで見てきたＣＲＩＢを整理してみよう。取り上げている事例は、来週月曜日までにチームで片づけなければならない仕事を、平日残業して仕上げるか、土曜日に出勤して仕上げるかという議論である。

・第一ステップ――共通の目的を見出すことに決意する（Commit）

まず全員にとって望ましい何かが見つかるまでダイアローグを続けると決意し、自分の決意を他の人にも示す。

「これでは話がまとまりませんね。あなたのチームは遅くまで残って終わらせてから帰ると言うし、私のチームはひとまず家に帰って、週末に片づけたいと言っていますからね。両方にとって望ましいやり方を考え出すことにしませんか」

・第二ステップ――手段の奥にある目的を理解する（Recognize）

なぜそうしたいのか、なぜそれを望むのか相手に尋ねる。そして、相手が要求しているもの（手段）とそれによって達成しようとしていること（目的）を理解する。

「土曜日の朝に来たくない理由は何ですか。私たちは疲れていて、このまま働くのは危険だと感じているのです。品質にも悪い影響があると思います。あなたのチームはなぜ遅くまで残りたいのですか」

・**第三ステップ — 共通の目的を創り出す（Invent）**

全員の目的が明確になっても、依然として目的が相反していることもある。それが分かったら、高次元の長期的な目的を考える。新たな目的は、意見が衝突している現在の目的より、強い動機づけを与えてくれるものでなくてはならない。

「ここで勝ち負けを決めたくありません。一方のチームが相手のチームを恨むような結果で終わらないほうがいいと思います。以前に投票で決めたことがありますが、結局、負けたチームが勝ったチームを恨む結果になってしまいました。お互いに後味の悪い思いをすることがないよう、仕事をする上で良好な関係にひびが入るようなことだけは、決してしないようにしませんか」

・**第四ステップ — 新たな手段をブレインストームする（Brainstorm）**

共通の目的が明確であれば、全員にとって好ましい解決策を協力して探すことができる。

「つまり安全と品質の基準を破ることなく、かつあなたのチームが土曜日に同僚の結婚式に出られるような方法を考えればいいわけですね。私たちも異論ありませんよ。たとえば私たちが土曜の朝と午後の早い時間に働いて、あなたのチームは用事がすんでからここへ来て引き継ぐというのはどうですか。そうすれば……」

▼安心できる会話とは

話題をこの章の初めに戻して、イボンヌとジョサムの話で締めくくるとしよう。イボンヌはダイアローグをしようとしている。緊迫した会話の中で、イボンヌが相手を安心させる様子を見てみよう。まず、自分の目的が誤解されないようにコントラスト化を行う。

イボンヌ「ジョサム、私たちのセックスのことで話をしたいの。あなたの何かが悪いと指摘したり、問題の責任はあなたにあると言うためじゃないのよ。私も悪いってことがよく分かっているから。お互いにとってもっと良い方法を見つけるために話したいの」

ジョサム「何を話そうって言うのさ。君はしたくないって言うし、僕はしたいわけだし。僕が我慢すればすむんだろう。話なんかしなくてもいいよ」

イボンヌ「そんなに簡単じゃないのよ。あなたのせいで、私はあなたと一緒にいるのが嫌になってしまうことがあるの」

ジョサム「そんなふうに思っているなら、そもそも二人が一緒にいるのがおかしいってことじゃないのか」

さて、今の状況はどうなっているのだろう。イボンヌの言葉に注目してみよう。もちろんジョサムにも改善すべき点はたくさんある。だが、この会話を始めたのはイボンヌだから彼女は、「自分から始め」なくてはならない。本当に欲しいもの、二人の関係を改善する方法を見つけることに集中するのだ。ジョサムがイボンヌを失望させるようなことを言ったとしても、その内容に反応してはならない。ジョサムの言葉の裏にある、安心の問題を解決すべきなのだ。ジョサムが話から逃げ出そうとするのには、二つの理由がある。

・イボンヌの話し方が、「ジョサムが悪い」と言っているように聞こえるから

・イボンヌの悩みは、ジョサムの言動の一部分に関するものなのに、彼に対する気持ちのすべてだと受け止められたから

そこでイボンヌは謝り、コントラスト化で安心させることになる。

イボンヌ「言い方が悪くてごめんなさい。一緒にいるのが嫌になることがあるからって、あなたが悪いと非難するつもりはないのよ。それは私が悪いんだから。これはあなたの問題だなんて思っていない。二人の問題なの。うまくいかない責任は両方にある。少なくとも私には責任があると思うのよ」

ジョサム「たぶん僕もだよ。傷つくと不機嫌になってしまうんだ。そうやって君に思い知らせてやろうとしていたんだよ。僕も悪かった」

会話の変化に注意してほしい。イボンヌが本当に欲しいものに集中し、上手にジョサムを安心させたので、彼が会話に戻ってきた。ジョサムを責めるより、こちらのほうがよほど効果的な会話の進め方だ。

さらに続けよう。

ジョサム「ただ、どうやって解決したらいいのか分からないんだ。君よりも僕のほうが情熱的みたいだし。できることといったら、僕が我慢するか君が僕に合わせるしかないように思えるんだ」

ここで問題は共通の目的に変化した。ジョサムは二人の目的が相容れないから、双方が満足できる解決策はあり得ないと心の中で思っている。イボンヌは妥協したり自分の言い分を押し通すのでなく、いったん本題から離れる。そして、共通の目的に到達するために「ＣＲＩＢ」を使う。

イボンヌ「(第一ステップ　共通の目的を見出すことに決意する【Commit】)私はそんなことはいやよ。二人とも満足できなければいやなの。お互いが近くに感じられて、大切にされている、愛されていると思えるような関係でいたいの」

ジョサム「僕だって同じだ。ということは、二人の感じ方が違うってことなのかな？」

ジョサムが言い争いを止めて、ダイアローグに入ってきた様子に注目してほしい。ジョサムが感じる安心感、とくに共通の目的がこれを可能にしたのだ)

イボンヌ「(第二ステップ　手段の奥にある目的を理解する【Recognize】)そうではないのかもしれない。あなたはどんなときに愛され、大切にされているって思うの？」

ジョサム「君が僕を愛している、大切にしたいと思っているときに、君とベッドにいることさ。君は？」
イボンヌ「あなたが思いやりのあることをしてくれたとき。抱きしめたりとか、べつにセックスでなくても」
ジョサム「寄り添っているだけでも愛されているって思うのかい？」
イボンヌ「そう。それから、あなたが私を愛しているから何かをしてくれていると感じるときも。セックスもそうだわ」
ジョサム「(第三ステップ　共通の目的を創り出す【Invent】）つまり一緒にいて、お互いが相手に大切にされている、愛されていると感じることができればいいということかな。二人が求めているのはそういうことかな？」
イボンヌ「そう、私もそういうことだと思うわ」
ジョサム「(第四ステップ　新たな手段をブレインストームする【Brainstorm】）そうだな、たとえば……」

「そんなことができるはずはない」――このように込み入ったやり取りを読むと、誰でも次のように反応することだろう。「こんなに微妙な会話の途中できちんとスキルを思い出せるわけがない」と。

白状しよう。たしかに、パソコンの前に座って原稿をタイプするのと、現実に話すのはわけが違う。ただし心強いことに、本書の内容はパソコンから生み出されたものでなく、現実の世界から生まれてきたものばかりだ。うまくダイアローグしているとき、人はこれらのスキルを実践している。あなたも例外ではないはずだ。

それに、白熱した感情的な会話の途中で、これほどきちんと考えられるだろうかなどと心配する必要もない。いつもの緊迫した会話より少しだけ注意深く考えるだけでいい。前もって準備するだけでもいいだろう。緊迫した会話が始まる前に、どのスキルがいちばん役に立ちそうか考えよう。緊迫した会話では、わずかな改善が大きな成果を生み出すこともある。

あらゆる複雑な問題について言えることだが、完璧を目指そうとしないことだ。改善を目指そう。アドレナリンが体内で放出されたら、スピードを落とすこと。本書で紹介している自分自身への問いかけから、あなたが直面する緊迫した会話の内容に関連が深いものを一、二個選んで、あらかじめ考えておく。そして少しずつ改善していこう。

▼まとめ —— 安心させる

▼本題から離れる

相手が沈黙や暴力を使い始めたら、会話の本題から離れて安心させる。安心させることができたら、内容に戻ってダイアログを続ける。

▼安心のどの部分が揺らいでいるのか見分ける

- 共通の目的　あなたが相手の目的を大切にしていることを、相手は信じているだろうか？
  相手はあなたの動機を信用しているだろうか？
- 相互の敬意　相手はあなたが敬意を払っていると感じているだろうか？

▼必要なら謝る

明らかに敬意の条件を冒したときには謝る。

▼コントラスト化で誤解を訂正する

あなたの目的や動機を相手が誤解したらコントラスト化する。あなたが意図していないことを話す（否定部分）。次に意図していること、真意を話す（肯定部分）。

▼共通の目的に到達するためのＣＲＩＢを使う

双方の目的が相反していたら、ＣＲＩＢのスキルを使って共通の目的を見つける。

- **Commit**：共通の目的を見出すことに決意する
- **Recognize**：手段の奥にある目的を理解する
- **Invent**：共通の目的を創り出す
- **Brainstorm**：新たな手段をブレインストームする

第6章

ストーリーを創る――感情に流されずにダイアローグを続ける

あなたがいかにゲームを支配するかではなく、ゲームがいかにあなたを支配するかが問題だ。

ここまで読み進めてきて、次のような疑問を抱く人もいるかと思う。「感情的になっているときに、スキルなど思い出せるだろうか？」

この章では、緊迫した会話を上手に進めるために、感情をコントロールすることについて考えていく。

▼あいつが私を苛つかせる！

「あいつのせいでイライラする」とはよく聞くセリフだ。あなた自身も口にすることがあるだろう。たとえば家で静かにテレビを見ていると、同居している義理の母が入ってきた。義母はあたりを見回して、ポテトチップスの屑を拾い始めた。ちょっと前、あなたが袋を開けたときに飛び散ったものだ。あなたはカチンときた。義母はあなたのことをだらしないと思っていて、いつも家の中を嗅ぎ回る。

数分後、夫がやってきて何を怒っているのかと尋ねた。「ここで寝転がっていたら、またお義母さんが来てあの表情でチラッと見るからカチンときたのよ。はっきり言って、やめてほしいわ。今日は休日だからのんびりしていたのに。入ってくるなり私をイラつかせるんだから」

「イラつかせたのはお母さん？」と夫が尋ねる。「それとも自分で？」

これはなかなか興味深い質問だ。

はっきり言えることがある。誰がイラつかせたにせよ、同じ刺激に対して他の人よりも過激な反応を示す人がいるということだ。その理由は何だろうか。グサッとくる意見を平気で受け止められる人もいれば、顎にケチャップがついていると言われただけでカッとする人もいる。

▼感情は自然発生しない

なぜこのような違いがあるのかを考えるために、二つの大胆な仮説を立ててみた。

仮説その一。他人が何かをしたからといって、そのせいで感情が湧き上がるわけではない。感情を他人のせいにするのは簡単だが、じつのところ他人が私たちを怒らせることはない。自分を怒らせるのは自分なのだ。あなたの感情を作り出せるのはあなただけなのだから。

仮説その二。自分の感情を作り出したら、残る選択肢は二つだけだ。あなたが感情を支配するか、感情があなたを支配するかである。強い感情をコントロールするのか、しないのか。それ以外の選択はない。

その理由は次のとおりだ。

▼マリアのストーリー

コピーライターのマリアは今、強い怒りの感情に支配されている。彼女は、同僚のルイスと二人で、上司に最終的な企画案を説明したところだ。予定では、二人一緒に話すはずだった。ところがマリアがひと息ついたすきに、二人で考えた重要なポイントをルイスが一人で説明してしまった。上司がマリアのほうを振り向いて何か意見はあるかと聞いたとき、言うべきことは何も残っていなかった。

振り返れば、プロジェクトが始まって以来、マリアはつねに侮辱されているように感じて怒っていた。発端は、ルイスが二人の原案を勝手に上司に報告したことだ。今回のミーティングでも、マリアの出番を横取りした。結局のところルイスは、チームでただ一人の女性だという理由から、マリアの仕事ぶりを正当に評価していないのだ。マリアは、彼の女性を見下す考え方にうんざりしている。でもヒステリックに反応する人間には見られたくないから、ふだんは黙っている。ただし時々ルイスに噛み付いて嫌味を言う。

「もちろんコピーをとってあげるわよ。ついでにコーヒーを入れてお菓子でも用意してあげましょうか？」

しかし、ルイスはマリアの非難や嫌味の意味が分からない。マリアの心中が理解できないまま、次第に彼女の不愉快で敵意に満ちた態度を軽蔑するようになる。そして二人の間の緊張がいっそう高まっていく。

▼何がマリアを怒らせているのか

ダイアローグで最も気をつけなければならないのが、マリアと同じ罠に落ちてしまうことだ。マリアは見下されていることに腹を立てながらも、社会人らしく直接そのことは口にせず抑えている。しかし、自分の思い込みと、その危険さには気づいていない。この状況のもとでは自分のように感じるのが当たり前であり、嫌味たっぷりに行動するのは当然だと考えている。同じ立場に置かれた人なら、誰もが同じ反応をするはずだと信じているのだ。

問題は、自分の感情が当たり前の反応だと考えることから始まる。この感情は当然なものだと信じているから、自分が間違っている可能性を疑ってみることができない。マリアの行動（何も言わないことや嫌味を言うこと）の背後には感情があって、彼女はその感情の原因はルイスだと考えている。だから、自分から感情に働きかけてコントロールしようとしない。

代わりに感情が彼女をコントロールし、行動させている。それによってルイスとの関係が悪化していく。ダイアローグに失敗する人たちは、感情の奴隷となっていることに気づかないのだ。

そこそこダイアローグができる人は、感情をコントロールしないと事態がさらに悪化すると分かっているから、誤魔化そうとする。感情的な反応を押し殺して、なんとかダイアローグを続けようとする。少なくともそう努力する。

しかし残念なことに、ちょっとしたことがきっかけで、抑圧された感情が外にこぼれ出す。口元をきつく結ぶ仕草や、嫌味な言葉によって安心が失われると、本当の思いは行き交わない。そうしている間にも、感情は閉じ込められていた小さな穴から這い出してきて、会話の中に醜い姿を現す。そしてダイアローグに致命傷を与える。

ダイアローグに長けた人は、やり方がまったく異なる。感情に支配されることがなく、しかし感情を隠しもしない。感情に働きかけて感情を支配するのだ。強い感情が込み上げたら、それについて考え、必要なら変化させる。その結果、感情を意識的に選択できるので、感情に支配されない行動を選択できる。そのことがより良い結果につながる。

もちろん、実行するのは言うほど簡単ではない。大きな利害関係があり、感情が昂ってい

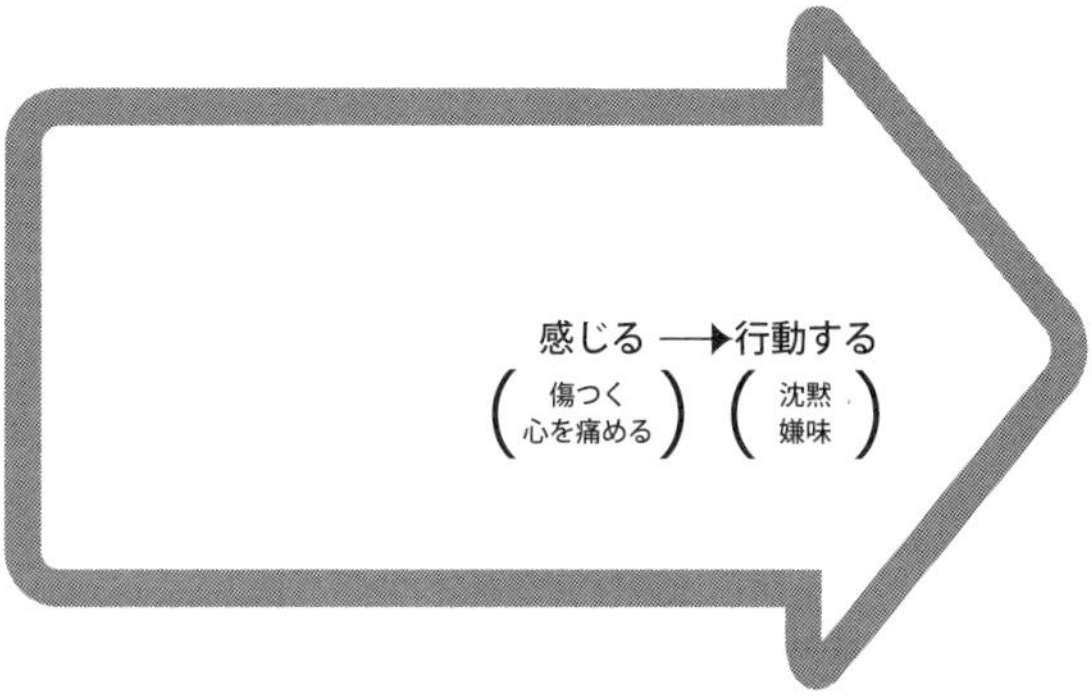

図6-1　感情から行動が生まれる

るときに、いかに自分の感情を見つめ直し、コントロールしたらいいだろうか。

まずモデル図を使って、感情がどこからやってくるのか考えてみよう。

マリアの例で考えよう。彼女は傷ついていると同時に、ルイスに何かを言えば自分がヒステリックだと思われるのではないかと心配している。そのため、感情の抑圧（回避）と嫌味（仮面）の間を行き来している。

図6―1で分かる通り、マリアの行動のきっかけとなったのは感情だ。最初に感じて、次に行動した。極めて明決だ。とすれば、感情はどのようにして生まれたのかという疑問が生まれる。義理の母親がポテトチップスの屑を拾った話と同じように、侮辱され傷つけられた気持ちの原因はルイスの行動なのだ

ろうか。

たしかにマリアはルイスの行動を見聞きして感情を作り出し、それに基づいて仮面と回避の行動をとった。だが、ルイスの行動とマリアの感情は直結しているのだろうか。他人の行動を自分の感情に変換する、中間のステップが存在しないだろうか。

▼ストーリーが感情を生み出す

他人の行動と自分の感情の間には、中間ステップが存在する。だから同じ状況に直面しても、十人十色の感じ方が生まれるのだ。ルイスのような同僚がいる場合、侮辱されたと感じる人も、面白いと感じる人もいるだろう。怒る人もいれば、心配したり同情したりする人もいる。私たちは相手の行動を見聞きした後、頭の中でストーリーを創る。これが中間ステップだ。たった今見聞きした行動に意味付けをするのである。それがいかに単純極まりない行動であっても変わらない。なぜ相手がその行動をしたのかという動機を憶測したり、相手の行動が良いことかどうか評価したりすることによって意味付けをする。こうした意味付け、すなわちストーリーに基づいて私たちの心に感情が生まれる。この流れを視覚的に表したものが図6－2である。このモデル図は、人が経験や思考、感情から行動に至る道筋を示して

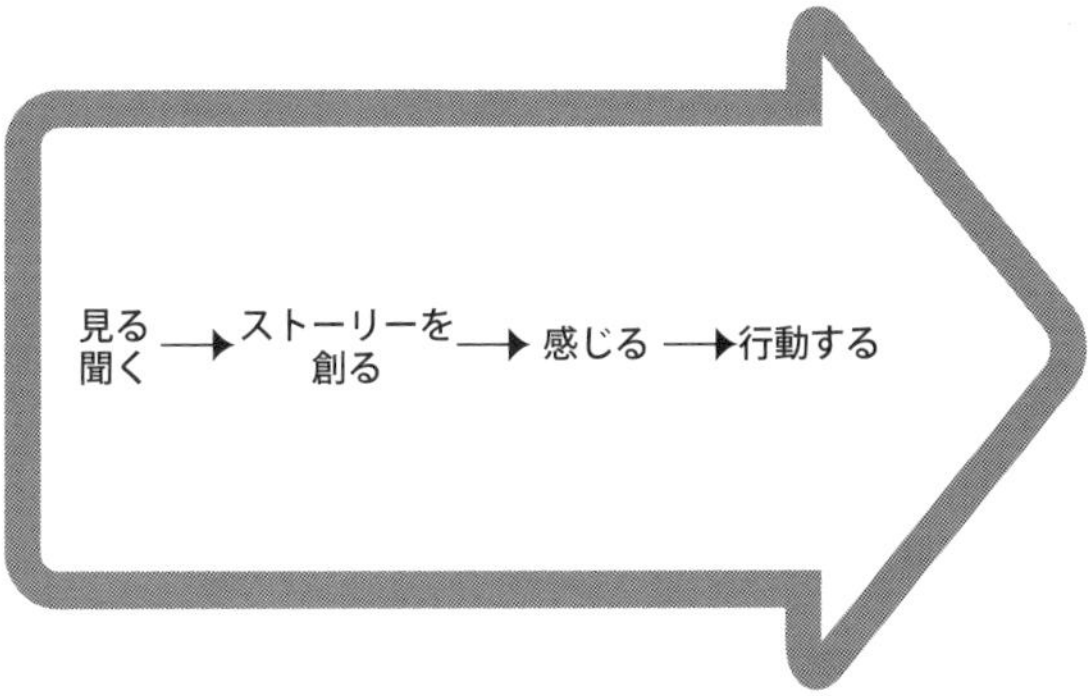

図6-2　行動へのプロセス

いるので、「行動へのプロセス」と呼ぶことにしよう。

モデル図に、ストーリーを創るという要素が追加されたのに注意してほしい。最初に何かを見聞きし、それをもとにストーリーを創る。その後で感情が生じる。新しい要素の登場でモデル図はいささか複雑になったが、この要素こそが鍵になる。というのも自分のストーリーを創るのは自分だけであり、それを変えれば自分の感情が変わるからだ。つまり、自分が創ったストーリーを再考し、新たなストーリーを創れば、感情のコントロールが可能になる。

▼自分がストーリーを創る

最初から良いものや悪いものなど存在しない。
善悪は私たちの思考によって作られる。

――ウイリアム・シェークスピア

ストーリーは自分なりの事実の解釈であり、私たちが見聞きしたものに「なぜ」「どのように」「何を」の解説を補足する。マリアの場合、「なぜ」はこのように説明された。「なぜ、ルイスは説明役を横取りしたのだろう。きっと私の力量を信用していないに違いない。女性の話など聞く人がいるはずないと思っているのだ」「どのように」はこうだ。「この出来事をどのように評価したらいいのだろう。これは良いことか悪いことか。ルイスは私が無能だと思っているから悪いことだ」

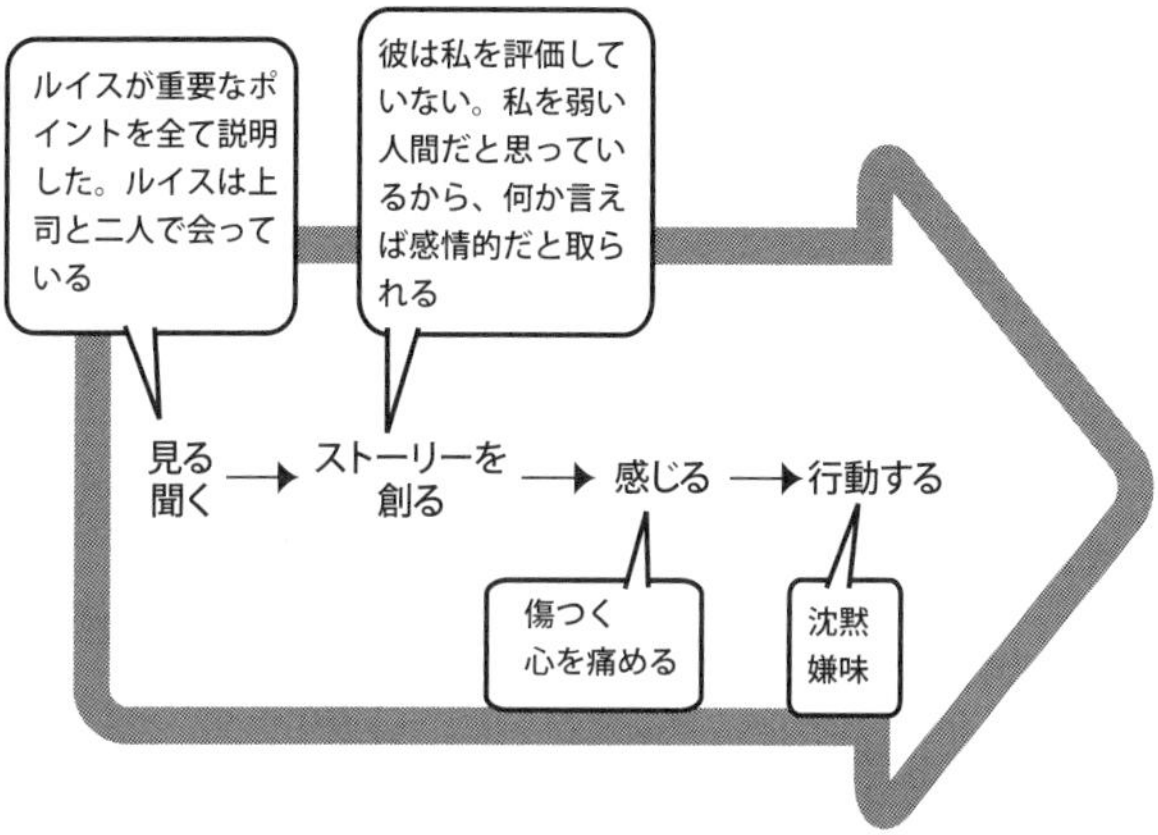

図6-3　マリアの行動へのプロセス

「何を」について説明するストーリーは、「これについて何をしたらいいのだろう。何か言えば、ルイスは私のことをヒステリックで愚痴っぽいと思うかもしれない。喧嘩好きだと思われる可能性もある。黙っているのがいちばんいい」ストーリーができあがるとすぐに感情が生まれて体が反応を始める。この感情は、正・誤、善・悪、親切・身勝手、公正・不正などの判断と直結している。マリアのストーリーは怒りとフラストレーションの感情につながり、さらに感情の抑圧と嫌味を交互に繰り返す行動につながっていった（図6－3）。

たとえ意識していなくても、私たちはストーリーを創っている。感情の引き金は他人の行動でなく自分のストーリーだと言うと、「そんなことはない。ストーリーなど創ったことはありません。あの人が笑った途端、怒りを感じましたよ。感情が先に込み上げて、その後それに関する考えが続きました」と反論する人がいる。ストーリーは瞬間的に創られるから、自分でも気づかないことがある。信じられないなら、誰かが自分を見て笑ったらいつでも怒りを感じるのか考えてほしい。あるときは怒り、別のあるときは怒らないということならば、怒るという反応が刺激に直結しているとは言えない。誰かが笑ったこととあなたの感情の間に、何かがなくてはならない。その何かこそが、ストーリーを創るステップだ。自覚しているといないとに拘らず、私たちはストーリーを創っているのである。

わずかな事実からでも無数のストーリーが創られる。しかもそれらはストーリーでしかない。作り話だから何千種類あっても不思議ではないのだ。マリアの場合、彼女にとってそのプロジェクトが重要であることをルイスは知らないのだ、と考えることもできた。自分の存在感が足りないと思っているルイスが、能力を誇示する良い機会だと考えたのだ、と考えることもできる。ルイスには、自分が前面に出なかったせいで大失敗した過去の経験があるのだとも解釈できるだろう。どのストーリーも事実に合致しているし、それぞれまったく異なる感情を生じさせる。私たちがストーリーをコントロールすれば、ストーリーに踊らされることはない。ダイアローグが上手な人は、緊迫した会話の途中でも感情に働きかけることができるし、何よりも感情はコントロール可能だと信じている。なぜならストーリーを創るのは自分自身だからだ。私たちがどのように感じ、行動するかは、ストーリーによって決まるし、それが緊迫した会話で成果が得られるかどうかを決める。

だからこそ、新しいストーリーを創ってみてはどうだろう。そうしないかぎり、望ましくない結果を回避することはできないのだから。

緊迫した会話で成果を得たいなら、たとえ論争の最中であっても自分が創るストーリーを変えなくてはならない。

▼ストーリーをコントロールするためのスキル

新しいストーリーを創るのに最も適した方法は何だろうか。

▼プロセスを逆さにたどる

ストーリーは瞬時に創り出される。そのスピードを落とすには、行動へのプロセスをステップごとに逆さにたどるのがよい。それには頭の体操が必要だ。まず今やっていることをやめ、その行動に至った理由を考えなくてはならない。プロセスを逆さにたどる流れは以下の通りだ。

行動する　自分の行動を自覚し、以下のように問いかける
自分は今、何らかの沈黙や暴力を使っているだろうか？
感じる　自分の感情を見極める
この行動（沈黙や暴力）を始める引き金となった感情は何か？
ストーリーを創る　ストーリーを分析する
この感情をもたらす引き金となったストーリーは何か？
見る／聞く　事実に立ち戻る
このストーリーを裏付ける事実は何か？

ステップごとにプロセスを逆さにたどると、その過程にある要素を再考し、変えることができる。

①自分の行動を自覚する

なぜ、あえて立ち止まり、行動へのプロセスを逆さにたどるのか。つねに立ち止まって自分を見直してばかりいたら身動きができなくなってしまうではないかという疑問が、当然のことながら湧いてくるだろう。

むろん、あらゆる行動のたびに立ち止まって自問するということではない。第4章で紹介したように、状況を見て自分が沈黙や暴力を使っているのに気づいたら、それが立ち止まる合図なのだ。

しかし、たんに状況を見るだけでは不十分だ。自分の行動を真摯に見つめなくてはならない。せっかく創り直したストーリーが「やはり暴力を使うべきだ」という内容では、行動を見つめ直す意味がない。「最初に暴力を使ったのはあいつだ」と相手を非難したり、自分の行動を正当化したりしても同じだ。

ネガティブなストーリーのせいで自分が沈黙や暴力を使っているならば、立ち止まって考えてみよう。他人には自分の行動がどう見えているだろうか。たとえばテレビカメラが生放送であなたの行動を放映していたら、あなたはどんな人物に見えるだろうか。視聴者はあなたの行動をどう思うだろうか。

ダイアローグに長けた人は、自分が沈黙や暴力を使っていたら素直に認めて軌道修正する。と言っても、自分を否定するということではない。行動へのプロセスを振り返るということである。

②自分の感情を見極める

自分のプロセスを逆さにたどろうとすれば、自分の感情と向き合うことになる。それは一見簡単なことに思えるかもしれない。たとえば「私は腹が立っている」と自己確認すればいいのだから、これ以上やさしいことなどありえようか。

しかし実際には、自分の感情を正しく把握することは難しい。人は感情を表現する言葉をあまり持ち合わせていない。どんな気持ちかと聞かれると、「いやだ」「腹が立つ」「怖い」などの言葉を頻繁に使う。それが状況を的確に言い表していれば問題ないのだが、そうでない場合もある。驚いたり戸惑ったりしているときに、怒っていると表現することがあるし、屈辱感を表現するのに不快だと言うこともある。この場合、厳密には「侮辱され軽んじられたように感じたので腹が立った」と言うのが正しいのだろう。

国語のテストではないのだから厳密になる必要はない、と思うかもしれない。ところが、それが問題なのだ。自分の本当の気持ちを知ることができれば、状況や原因を正確に理解しやすい。単純に腹が立ったのではなく、驚き、戸惑っていることを把握できるほうが、正直に自分のストーリーを見直せる可能性が大きい。

自分を振り返って考えてみよう。強い感情が湧き上がったとき、立ち止まって考えているだろうか。そのときの自分の表現は十分に感情を表しているだろうか。「がっかりした」「ものすごく頭にきた」などの不適切な言葉を頻繁に使っていないだろうか。愛する人に自分の気持ちや胸のうちをオープンに話しているだろうか。あなたが選ぶ言葉は力強く的確なものだろうか。

自分の感情を見極めるのは大切なことだ。そうするためにも、多彩な感情表現の言葉を知っておく必要がある。

か、問いかけてみよう。

感情をコントロールする最初のステップは、自分の感情がその状況における唯一の妥当な感情だという幻想を捨てることである。これが最も困難なステップかもしれないが、同時に最も大切なステップでもある。

感情を疑ってみることで、ストーリーの正しさをも疑ってみることができる。自分のストーリーが妥当で正しいという結論は魅惑的だが、疑ってみなくてはならない。自分の感情と、数多くの可能性の一つにしかすぎないストーリーが正しいのかどうか、真っ先に疑ってみよう。たとえばマリアのストーリーにおける事実は何だろうか。マリアはルイスが一人でプレゼンテーションを行うのを見た。マリアがいないところで、上司とルイスがプロジェクトの話をするのを聞いた。こうして、マリアの行動へのプロセスがスタートする。

ストーリーと事実を混同してはならない。ストーリーを事実だと思い込んでしまって、それについて疑問も持たないことがある。ストーリーは一瞬のうちに出来上がるから、簡単に事実と取り違えてしまう。主観的な結論と事実を取り違えるのだ。たとえばストーリーから事実を取り出そうとしたマリアは、「彼は男性優位主義者なのよ。これは事実だわ。彼が私にどんな接し方をするか、見たことのある人に聞いてみてちょうだい」と言うかもしれない。「彼は男性優位主義者なのよ」は事実ではない。これは事実に意味づけをするためにマリアが創ったストーリーだ。事実はどのようにも意味づけできる。先に述べたように、マリアとルイスのやり取りを聞いた別の人は、まったく異なるストーリーを創るかもしれないのである。

④事実に立ち戻る

行動に注目し、ストーリーと事実を分ける。ストーリーから事実を取り出すには、スタート地点まで戻って簡単な質問を投げかけてみるとよい。「自分が事実と呼んでいるものは、見たり聞いたりできるものか。もしくは実際の行動だったろうか」

たとえば「ルイスがプレゼンテーションの95%を行い、一つの質問を除くすべてに答えた」のは事実である。これは具体的、客観的、かつ証明可能だ。しかし「彼は私を信用していない」は結論である。この言葉はあなたの考えを説明するものであり、他人の行動を説明するものではない。主観的な結論だと言える。

ホットな言葉を探す。 ストーリーと事実を混同しないために、もう一つヒントがある。感情を含んでいるホットな言葉を探すのだ。「彼女は私を睨んだ」「彼は皮肉を言った」などの「睨む」や「皮肉」がホットな言葉にあたる。これらは強い感情を生み出す評価や推論だ。事実でなくストーリーである。「彼女は目を見開き、口元を固く結んでいた」と言うのと「彼女は睨みつけた」ではまったく違う。

たとえばマリアは、ルイスが彼女をコントロールしようとしているし、尊敬していないと考えた。しかしルイスの行動（彼はいつもより饒舌だった。それに、上司と二人きりで会っていた）に集中していれば、「ルイスは緊張していて自信がなく、不安そうだった」という、冷静で客観的な表現が可能になる。その結果、解釈の幅を広げることができるのである。

▼三つのこじつけのストーリーに注意する

新しいストーリーを創るために、相手はなぜそのように行動しているのか（または、自分がなぜこの行動をしているのか）と考えるのに慣れてくると、自分に都合のいいストーリーを創るのが上手になってくる。そうなると、そのストーリーが正しいのか、それとも間違っていて自分の行動を正当化しているだけなのか、二つに一つということになる。

もし後者だとすれば、自分の行動には正当性があるという満足感が得られるから、変化を起こす必要を感じないはずだ。その結果、さまざまな問題を引き起こす。たとえば沈黙や暴力を使った後に、その行動の正当性を説明するもっともらしい理由を思いついたとしよう。「たしかに彼を怒鳴ったが、彼がしたことを見ていただろう？　怒鳴られて当たり前さ」「そんな非難するような目で私を見ないで。どうしようもなかったんだから」。このように独創的ではあるが自分勝手なストーリーを、「こじつけのストーリー」と呼ぶ。好ましくない結果を伴う好ましくない行動をしたにも拘らず、自分の行動は正当なものだったという満足感を与えてくれるからである。

私たちが陥りがちな三種類のこじつけのストーリーを説明しよう。

①犠牲者のストーリー――「私は悪くない」

一つ目のこじつけのストーリーは犠牲者のストーリーだ。名前から想像できる通り、このストーリーは私たちを無実の犠牲者として描き出す。「相手が悪人で間違っている。私は善人で正しいから犠牲になった」というものだ。

無実の犠牲者はたしかに存在する。道端で取り囲まれ、銃を突き付けられるのは無実の犠牲者だ。あなたがこのような出来事に遭遇した場合、それはストーリーなどではなく悲しい事実だ。このとき、あなたはまさに犠牲者だと言える。

しかし、つねにそうだとはかぎらない。犠牲者のストーリーを語ることで、私たちは自分の責任から目をそむけることになる。自分がしたこと（あるいはしなかったこと）が問題の一端だとしても、自分が関与した点には触れないでストーリーを創るからだ。

たとえば先週、自分が大きなプロジェクトから外され、たいへん傷ついたとする。どれほどいやな思いをしたか、あなたはあちこちで人に話している。ほんとうは、あなたが仕事上の重要な報告を怠って上司に迷惑を掛けたのが今回の一件の理由だが、それには触れないでおく。なんと言っても、上司は自分をいやな目に遭わせたのだから。

あなたは犠牲者のストーリーに裏づけを与えるため、「通常よりも良い仕上げにするつもりだったから時間がかかったのだ」などと、自分を正当化することしか話さない。自分に対しても、良いことをして罰を受けたのだから自分に非はない、と言い聞かせる。「上司は自分のように細やかな人を評価しないのだ」（これによって、あなたは単なる犠牲者から殉職者になる。すごいおまけだ！）

②悪党のストーリー――「あの人が悪い」

これは、分別のある常識的な人を悪党に仕立てることによって作られる卑劣なストーリーだ。相手の動機が悪辣なものであるという話を作り、相手の腹黒さを強調することで、自分の行動を美化する。

品質を重視する上司を「小うるさいコントロール魔」と呼んだり、自分が約束を破ったせいで怒っている妻を、頑固で気の強い妻だと言ったりする場合がこれにあたる。

犠牲者のストーリーでは自分の無実を誇張するのに対して、悪党のストーリーでは他人の罪を誇張する。相手が善人である可能性をすべて排除し、想像しうる最悪の動機で事がなされたと決めつける。相手にレッテルを貼るのは、悪党のストーリーにおける常套手段だ。「あの間抜けがまた欠陥品を送ってきた」は、その一例である。レッテルを貼ることで、相手は複雑な人間でなく、単なる間抜けだと考えることができる。

悪党のストーリーは、悪い結果の責任を他人に転嫁して非難するのに役立つだけでなく、相手に対して何をしても良いという状況作りにも役立つ。相手が常識のあるまともな人間ならば注意が必要だが、しょせん間抜けなのだから、侮辱したり罵倒したりしてもかまわないと感じさせるのだ。本当に欲しい結果が得られなかったとしても、相手が間抜けだから、自分としては今以上の効果的な行動ができないのである。

犠牲者や悪党のストーリーの特徴を注意深く考えてみると、感情が暴走しているときの私たちが、驚くほど卑怯なダブル・スタンダードを使っていることに気づく。自分が過ちを犯したときには、犠牲者のストーリーを使って自分は無実で純粋だったと主張する。「たしかに家に帰るのは遅くなったし、電話もしなかったけれど、チームをがっかりさせることなんかできなかった」という具合である。ところが他人が自分を傷つけた場合には、悪党のストーリーを創る。相手の行動によって自分が迷惑を受けた、それは相手が悪意に満ちていたからだ、という理由を考え出すのである。「なんて心ない人なの。今日は遅くなるって、電話してくれても良かったでしょう」

③無力な人のストーリー――「できることは何もない」

最後のストーリーは、無力な人のストーリーだ。このストーリーでは、自分が無力で何もできない人として描かれる。悲しい現状を変えられる健全な選択肢は一切ないのだと自分を信じ込ませ、そのことによって自分の行動を正当化する。無力な人のストーリーの例は「息子を怒鳴らなければ彼は言うことを聞かない」、あるいは逆に「これを言えば夫は反発するだけだわ」などだ。犠牲者と悪党のストーリーが過去を振り返って状況を説明するのに対して、無力な人のストーリーはなぜ現在の状況に対して自分が無力なのかを説明する。「他人の行動は変えることができない。なぜならば行動は先天的で、不変の気質の一部だから」などと決めつけてしまうと、無力な人のストーリーに陥りやすくなる。上司のことを極端に支配欲が強い命令型のリーダーだと思い込んでしまったら（悪党のストーリー）、上司に意見する気持ちを失ってしまうだろう。「ボスが部下の意見を聞き入れるはずなどない（無力な人のストーリー）。もともと、命令型の気質なのだから」

このことからわかるとおり、無力な人のストーリーはしばしば悪党のストーリーに端を発している。そして結局のところ、愚かな選択であることに変わりはない。

▼なぜこじつけのストーリーを創るのか

私たちが創るストーリーが正しいときもある。一方的に傷つけられて無実の犠牲者となったり、問題に対して本当に無力である場合だ。しかし、そのようなことはそう多くはない。そこで、現実にマッチするようにストーリーを組み立てる。それによって自分が楽になるからだ。こじつけのストーリーを創ることで責任を免れることができるのなら、人は往々にしてこじつけのストーリーに飛びついてしまう。実際には相手が悪くて間違っているのでもなく、自分が善良で正しいのでもない。真実はその中間にあるのだが、相手が悪人で自分が善人であると主張すれば自分は責任を免れる。しかも相手が悪党であれば自分の思いのままに侮辱し、罵倒することが許されるから、さらに都合が良い。

こじつけのストーリーが問題を引き起こすことを分かっていただけると思う。「何の得にもならないのに、私たちはなぜこじつけのストーリーを創るのだろうか」と疑問を感じる人もいるのではないだろうか。

こじつけのストーリーを創る原因が、じつは自分に対する裏切りだったという場合がある。自分を正当化せざるをえない羽目になったので、仕方なくこじつけのストーリーを持ち出すわけだ。

信念に反した行動をすると、自分を裏切ることになる。裏切ってしまったら選択肢は二つに一つだ。自分の信念に忠実でなかったことを認めるか、自分に対する裏切りを正当化するかである。間違いを認めないのなら、必然的に正当化する方法が必要だ。そこでこじつけのストーリーの出番となる。

自分を裏切った例を見てみよう。あなたが渋滞の道を運転中だとする。合流してくる車を自分の車より前に入れさせまいと、あなたは次第に邪魔をし始める。安全のためにも、思いやりを示して入れてあげるべきだと思いながらも、実際にはそうしない。アクセルを踏み、車間距離を詰める。そして自分にこう言う。「こんなところで割り込むなんてとんでもない人だ。こっちはずっとこの渋滞につかまっているのに。それに大切なミーティングもあるんだ」云々。このストーリーのおかげで、あなたは無実の犠牲者になれる。反対に相手はとんでもない悪党だ。

自分の信念にそむいて相手の邪魔をしたにも拘らず、あなたの行動は正当化される。逆の立場なら「車線に入れてもらえなかった」と感じるであろうことも考えずにすむ。

緊迫した会話での例もあげてみよう。あなたの夫に気になる癖があるとする。ささいなことだが、本人に言ってあげたほうがいいだろうとあなたは思っている。だが実際には何も言わない。その代わり、溜め息をついたり目で訴えたりして思いを伝えようとする。しかし本人はまったく気づかず、相変わらずその癖を続けている。そのうちになんとなく気になっていただけなのに、恨みの気持ちが湧いてくる。自分が出している合図にまったく気づかない相手の無神経さにも嫌気がする。第一、こんなことを教えてもらわなくてはならないほうが変なのだ。まともな人なら自分で気づいて当然だ。いちいち指摘してあげる必要があるのか？　やがてあなたは、相手に対して侮辱的な言葉を使うようになり、事態は不愉快な対立に発展していく。

この二つの例では、どのような出来事がどのような順序で起きただろうか。ストーリー創りと自分への裏切りのどちらが先だろう。最初に向こうのドライバーは身勝手だと思ったから、彼を割り込ませないようにしたのだろうか。答えは明らかで、自分が取った行動の言い訳をするために、後からドライバーが身勝手だと考えたのだ。自分を正当化するために、こじつけのストーリーが必要になった。夫の癖に憤慨するようになったのも、「言ってあげるべきだ」と思っていたにも拘らず、そうしなかったことが原因だ。ここでも自分で自分を裏切っている。しかし、こじつけのストーリーのおかげで、夫への心ない態度を恥じる必要はなくなる。裏切りといっても、たいていは些細なことである。そのせいでつい見落としてしまい、こじつけのストーリーを創ったことに自分でも気がつかない。よくある自分への裏切りをあげてみよう。

・手を貸してあげるほうがいいと思っているが、貸さない。

・謝るべきだと思っているが、謝らない。
・計画を達成するために残業したほうがいいと思っているが、家に帰ってしまう。
・ノーと言うべきだと思っているがイエスと言う。しかし、自分がそう答えた結果については、誰もチェックしなければいいと願ってしまう。
・ある人物のことで自分が感じている不安を誰かに話すべきだと思っているが、話さない。
・期待されている仕事をしていないと認めるべきだと思うが、そのことを話題にする人はいないので黙っている。
・自分への評価を謙虚に受け止めるべきだと思うが、実際には反発する。
・計画に問題が見つかったら本人に知らせてあげるべきだと思うが、知らせない。
・仕事を締め切りまでに終了できなかったので関係者に知らせるべきだと思うが、知らせない。
・同僚の仕事の参考になる情報を持っているが、独り占めにする。

こんなに小さな裏切りであっても、私たちはこじつけのストーリーを創る。自分の過ちを認めるつもりがなく、自分の行動を変えるつもりもないときには、他人の失敗や自分の無実、自分の無力さをわざと誇張する。こじつけのストーリーは、結果よりも自己正当化が優先されたときに創られる。本当の目的は自分を正当化することではないのに、あたかもそれを求めているかのごとく行動するのだ。このことを念頭において、本当に欲しいものに集中することにしよう。それではストーリーをコントロールするための最後のスキルを紹介しよう。

▼新しいストーリーを創る

ダイアローグに長けた人は、こじつけのストーリーに気づいたら立ち止まり、役に立つストーリーを創り出すために必要なステップを踏む。役に立つストーリーは望ましい感情を喚起して、健全な行動を促してくれる。

こじつけのストーリーを役に立つストーリーに転換するには、こじつけのストーリーに欠落している部分が必要である。なぜならこじつけのストーリーには不完全な部分が必ずあるからだ。たとえば自分や相手に関する大切な情報が抜け落ちている。それらをすべて盛り込むことで、こじつけのストーリーを有益なストーリーに変えるのである。

不足している部分を補う最善の方法は何だろうか？　答えは簡単だ。犠牲者を主体的な人に、悪党を常識的な人間に、無力な人を有能な人に変えるだけでいい。

①犠牲者を主体的な人に変える

自分が無実の犠牲者であるかのように振る舞っているのに気づいたら、こう自問する。

「この問題における自分の責任に気づかない振りをしていないだろうか？」

この問いかけによって、もしかすると自分が問題の発生に関わったのではないかという事実に向き合わざるをえなくなる。犠牲者を演じるのはやめ、主体的な人に変わろう。必ずしもあなたによこしまな動機があって、故意に悪意の行動をしたわけではないだろう。たんに深く考えずに手抜きをした程度かもしれない。そうだとしても責任はある。

たとえば同僚が、あなたにばかり難しい仕事や面倒な仕事をやらせるとしよう。あなたは友人や家族に、同僚に利用されていると不満を述べている。しかし、難しい仕事を引き受けたことで上司から褒められて嬉しいことや、そもそも同僚と仕事の分担について話し合ってもいないことは言わない。

新しいストーリーを創る最初のステップは、欠落している事実を補うことだ。自分の役割や責任は何だったのか自問すれば、自分に都合よく状況を解釈していることに気づく。他者の責任を誇張したり自分の過ちを矮小化したことも分かる。

②悪党を常識的な人間に変える

他人にレッテルを貼り、中傷している自分に気づいたら、こう自問する。

「分別のある常識的な人がこんなことをするのはなぜだろうか？」

この質問によって、相手に人格を与えることができる。答えを探すうちに感情も穏やかになる。相手を裁く代わりに感情移入するようになり、場合によっては自分の責任を考えるようになるのだ。

たとえば、ふだんは面倒な仕事をあなたに任せきりにする同僚が、最近あなたが忙しそうだからと言って、大切な業務を代わりに片付けてくれたとしよう。あなたは突然猜疑心にかられた。彼は人の領分に割り込んできて、あなたの顔に泥を塗るつもりではないだろうか。自分の有能さをアピールしつつ、あなたの信用をおとしめるのが目的だとしたら、よくも親切に手伝う振りをしていられるものだ、と思う。しかし、これはあなたが創ったストーリーにすぎない。

同僚が分別のある常識的な人だったらどうだろう。あなたを助ける以外に何の邪心もないのだとしたら、彼を中傷するには早すぎる。中傷したりすれば、人間関係にヒビが入るかもしれない。後になって自分が間違っていたと判明するかもしれない。

分別のある常識的な人がこんなことをするのはなぜかという問いかけは、望ましくない行動をした相手の責任を免除するためのものではない。もし本当に相手に罪があるなら、後で対処すればいい。あえて問いかけるのは、自分のストーリーと感情を見つめ直すためである。これによって、相手の行動についてさまざまな解釈が可能になるから、自分に働きかけるツールとして用いるのである。

この考え方に慣れてくると、他人の行動の動機よりも、その行動がもたらす影響のほうに関心が向くようになる。また、相手の動機をいろんな角度から考えることで自分の感情が和らぐから、決めつけた見方をせずにダイアローグをすることが可能になる。相手の本当の動機を見つけ出すには、これが一番確かな方法だ。

③無力な人を有能な人に変える

最後に、無力さを嘆いている自分に気づいたら、最初の動機に立ち返って新しいストーリーを創ろう。そのために次のように自問する。

「本当に欲しいものは何だろうか？　自分のために？　相手のために？　お互いの関係の

ために？」

次に自分を無力感で満たし、沈黙や暴力の原因となっている愚かな選択を追放する。そのために次のように自問する。

「結果を得るために、今自分がすべきことは何だろうか？」

たとえば今あなたが、難しい仕事を避けてばかりいる同僚に文句を言っているとしよう。同僚はあなたの唐突な反応に驚いた様子だ。一方あなたは、彼がわずらわしい仕事を意図的にあなたに回し、あなたがそのことを婉曲に指摘した後も止めなかったと確信している。「ガツンと言わなくては」とあなたは感じている。「そうしたいわけではないけれど、はっきり言っておかないと、これからもずっと厄介な仕事を押し付けられる」

この段階であなたは、すでに最初の動機から逸脱してしまったと言える。本当に欲しいのは平等に仕事を分担すること、そして良好な人間関係を保つことなのだ。だが「都合良く利用されるよりは、相手を怒らせるほうがマシだ。仕方がない」という愚かな選択をしたために、本当に欲しいものから遠ざかってしまう。本当に欲しいものを得るために、あなたがすべきことは何だろうか。嫌味を言ったり自分を正当化したりせず、オープンかつ正直に、効果的な話し合いを持つことだ。自分は無力だという思い込みを捨てれば、ダイアローグ・スキルを使えるようになる。それとともに自分の無力さを嘆かなくてもすむようになるのである。

▼マリアの新しいストーリー

ここまで述べてきたことは、実際の会話ではどのように生かされるだろうか。マリアの話に戻ってみよう。マリアが自分の行動へのプロセスを逆さにたどり、ストーリーから事実を分けたとする。これによって彼女は、自分のストーリーが不完全かつ自己防衛的で、なんら良い結果を生み出していないことに気づいた。三つのこじつけのストーリーを探してみると、それが一層はっきりした。準備が整ったところで新しいストーリーを創ることにしよう。マリアは次のように問いかける。

この問題における自分の責任に気づかない振りをしていないだろうか？

「ルイスがプロジェクト・ミーティングをしているのに気づいたとき、なぜ私が入っていないのか聞くべきだった。もしあのときに聞いておけば、ダイアローグができたかもしれないし、その後もうまくやっていられたかもしれない。そうしなかったので、恨みが募って、やがてこの話題を持ち出す気持ちがなくなってしまった」

分別のある常識的な人がこんなことをするのはなぜだろうか？

「彼は良い仕事をしようと強く思っている。私もプロジェクトを成功させようと強く決意している。しかしそのことが、彼には分からないのかもしれない」

本当に欲しいものは何だろうか？

「ルイスとはお互いに認め合う同僚として良い関係でいたい。自分の仕事に対しては正当な評価を受けたい」

この結果を得るために、今自分がすべきことは何だろうか？

「じっくり話をするための時間をルイスに取ってもらい、うまくやっていくにはどうしたらいいのかを話し合おう」

こうやって新しいストーリーを創ると、不健全な感情がもたらすネガティブな影響から解放される。何よりも感情の奴隷にならずに感情をコントロールして、ダイアローグに戻ることができる。

さてマリアはどうなっただろうか。彼女はルイスとミーティングをする時間を決め、準備をした。自分にだけ都合の良い悪意のストーリーを創るのをやめて、問題における自分の責任を認めた。

そしてルイスの目的は、彼女の顔に泥を塗ったり無能呼ばわりすることではないのだ、と気持ちを切り替え、心をオープンにしてミーティングに臨んだ。

ルイスとのミーティングで、マリアはまず自分が見聞きしたことを伝えた（この方法は続く章で述べることにする）。幸い自分のストーリーをうまく創っただけでなく、ストーリーの適切な伝え方もマリアには分かっていた。

そうやって健全なダイアローグを進めていくと、ルイスが上司と二人きりでミーティングしたことについて謝罪した。彼はプレゼンテーションの際に問題になりそうな落とし穴を片付けておこうと考えたのだが、後になってマリアも入れるべきだったと反省していたのだ。

さらにルイスは、プレゼンテーションを独り占めした点についても謝罪した。ルイスは緊張するとふだんよりおしゃべりになることを、マリアはこの話し合いで知った。ルイスの提案で、今後のプレゼンテーションでは担当を前半と後半に分け、自分の担当箇所に集中しようということになった。そうすれば、ルイスがしゃべりすぎてもマリアが出番を失うことはない。こうしてお互いの考え方を理解し合い、今後は、ルイスがもう少し気遣いをするという約束をしてミーティングは終了した。

▼まとめ ―― ストーリーを創る

強い感情が原因で沈黙や暴力から抜け出せなくなったら、以下のことを試してみよう。

▼自分の行動へのプロセスを逆さにたどる

自分の行動を自覚する。ダイアローグから離れて行く自分に気づいたら、自分は今何をしているのか自問する。

「自分は今、何らかの沈黙や暴力使っているだろうか？」

自分の感情を見極める。自分のストーリーから生まれた感情を正確に把握する。

「この行動の原因となった感情は何だろうか？」

自分のストーリーを分析する。自分で出した結論を疑ってみて、それ以外のストーリーはありえないのか考える。

「この感情の原因となったストーリーは何だろうか？」

事実に立ち戻る。自分が創ったストーリーから事実を分けて、自分の思い込みと決別する。

「このストーリーを裏付ける事実は何だろうか？」

三つのこじつけのストーリーに注意する。犠牲者、悪党、無力な人のストーリーが代表的なものだ。

▼新しいストーリーを創る

次のように自分に問いかけよう。

「この問題における、自分の責任に気づかない振りをしていないだろうか？」

「分別のある常識的な人がこんなことをするのはなぜだろうか？」

「本当に欲しいものは何だろうか？」

「この結果を得るために、今自分がすべきことは何だろうか？」

第7章
プロセスを告げる——摩擦を起こさずに説得する

「そんなことをズケズケと言うのは誰？」
あなたは歯に衣着せずに物を言うと言われて。

——ドロシー・パーカー

ここまでは、緊迫した会話の前にすべきことを学んできた。まず心のあり方が正しくなくてはならないこと。人々の安心感など会話の様子に注意しなくてはならないこと。また、役に立たないこじつけのストーリーを創ってはならないこと、などである。

では、こうした準備が整ったとしよう。この先は自分の口を開いて共有の思いのプールに思いを注ぐだけだ。でもそのための適切な方法とはどんなものだろう？

多くの場合、人は自動操縦をしているかのように話すものだ。「子供たちは元気？」「仕事の調子はどう？」という話なら、何も難しくない。何千もの単語の中からその瞬間にふさわしいものを簡単に選び出し、組み合わせて使うことができる。ところが大きな利害関係がある感情的な場面では、このやり方はうまくいかない。先にも述べたが、重要な会話であればあるほど、私たちは最善の行動を取れなくなっていく。自分の考えを上手に説明して、相手を説得することができなくなるのだ。

それでは説得するスキルを磨くために、二種類の難しい状況を取り上げて考えていこう。一つ目は自分の話が相手の反発を招くと予想される状況だ。そんなときに使う五つのスキルを紹介する。二つ目は自分の強い意見を主張すれば、相手が黙り込むと予想されるときである。このときにも同じ五つのスキルを使うことになる。

▼トラブルになりかねない思いを共有する

他人と共有したいと思っている内容が微妙なもの、嫌われるもの、あるいは論議を呼びそうなものの場合、共有の思いのプールに思いを注ぎ込むのは簡単ではない。

周囲と折り合いが悪い人、好感を持てない人、コントロール型のマネジメントをする人などと話をするのは、会社で使っている包装紙を緑色から赤色に変える、というような話とはまったく性質が異なるからだ。「申し訳ないけどマルタ、みんなが君とはやっていけないと思っているんだ。特命プロジェクトから外れてもらえるかな」などと、気軽に口に出すわけにはいかない。一般論として、テーマがモノからヒトに変わると、話が途端に難しくなるものだ。その一方で、テーマが人であるときも抜きん出た能力を発揮する人がいることを誰もが知っている。

微妙な話をするときの最悪のやり方は、共有の思いのプールに思いをぶちまける乱暴な行動と、何も言わない沈黙の行動を交互に繰り返すことだ。「こんな話は聞きたくないと思うけど、正直に言った方がいいと思うので……」（よくある愚かな選択）と話を切り出すか、何も言わずにだんまりを決め込むのである。

優秀な人たちは何かしら口にするが、人間関係が悪くなるのを恐れるあまり、相手の感情を傷つけないように控えめに話す。話はするが、本当に言いたいことはオブラートに包んで伝える。

ダイアローグに長けた人たちは、自分の思いを余すところなく伝えながらも、相手が安心して話を聞き、かつ意見を言えるようにする。あくまで率直でありながら、相手への敬意を決して失わない。

▼安心を保つ

口に出せば相手を怒らせる内容を、文字通り率直に話すには、安心を保つ方法が必要だ。だがこれは、怪我をさせずに他人の鼻っ柱をぶん殴れと言っているようなものだ。相互の敬意を保ちながら口に出しにくいことを伝えるには、自信、謙虚さ、スキルの三つを慎重に混ぜ合わせる必要がある。

自信 デリケートな話題になると、話すべき相手にきちんと切り出せないことが多い。たとえばブライアンが、夜帰宅して、上司のフェルナンドは口うるさく命令するんだ、と妻に話す。職場の昼休みには仲間にも言う。ブライアンがフェルナンドをどう思っているか知らない人はいない。ただし、当然のことだがフェルナンドは蚊帳の外である。

ダイアローグ・スキルを身につけた人は、言うべき内容を聞くべき人に伝える自信を持っている。自分の話は共有の思いのプールに注ぐ価値があるという自信と、相手を傷つけたり不必要な反発を招いたりしないでオープンに伝えられるという自信だ。

謙虚さ 自信は傲慢さや頑固さを意味するものではない。スキルを備えた人は自分の意見に自信を持っている反面、相手の意見も貴重だと理解している。真実を語るのは自分一人ではなく、相手には相手の真実があることを承知しているのだ。自分の意見は最終的な結論ではなく、話し合いのスタートにすぎない。新しい情報を知ることで最初の意見が変わることもある。だからダイアローグ・スキルを身につけた人は、自分の意見を言うと同時に、相手にも同じように意見を言うことを奨める。

スキル 進んで微妙な話ができる人は、優れたスキルを身につけている人である。だからこそ自信を持っているとも言えるだろう。彼らが愚かな選択をしないのは、率直さと安心を両立させる方法が分かっているからだ。口に出しにくいことを話しているのに、聞いた人はその率直さに感謝することになる。

▼おやすみと、さようなら

微妙なテーマについて話す状況を想像してみよう。ボブは今、部屋に入ろうとしている。妻のキャロルは怒っている様子だ。目が腫れているところを見るとずっと泣いていたらしい。ボブが入ってきても、優しく振り向いて「お帰りなさい」と出迎えたりしない。逆に「なぜこんなことを！」と非難するような目で彼を見るだけだ。ボブはまだ知らないが、キャロルはボブが浮気をしていると思っているのだ。

今日、彼女はクレジットカードの支払い明細書をチェックしていて、グッドナイト・モーテルからの請求に気づいた。グッドナイト・モーテルは家から数キロしか離れていないところにある安ホテルだ。「なぜこんな近くのモーテルに泊まるのかしら？」とキャロルはいぶかしく思った。「それになぜ私に言わないの？」。その瞬間に思ったのだ。「裏切り者、なんてひどいやつ！」

この話をキャロルがボブに持ち出すにあたって、最悪の話し方とはどのようなものだろうか。ボブを矢継ぎ早になじったうえで脅すのがその一つだと、多くの人は同意してくれるだろう。まったく、この方法こそほとんどの人がやってしまうことなのだ。キャロルも例外ではない。

「こんなひどいことをするなんて信じられないわ」と彼女は辛そうに言う。

「何を？」とボブが聞く。ボブは、彼女が何の話をしているのかさっぱり分からない。だが何であれ良い話ではなさそうだと、彼女の様子から伝わってくる。

「何の話か分かっているでしょう」と辛辣な口調でキャロルが言う。

ボブは心の中で「誕生日を忘れたのかな？」と考える。「いや、まだ夏にもなってないんだ。誕生日はえっと……真夏だからな」

「悪いけど、分からないんだ」彼は困惑しながら答える。

「浮気をしているんでしょう。ここに証拠があるのよ」とキャロルはくしゃくしゃになった紙を取り出して言う。

「それに浮気のことが何と書いてあるんだ？」と彼はすっかり当惑しながら聞く。というのも、①彼は浮気をしていない、②その紙には決定的な写真など写っていない、からだ。

「モーテルからの請求よ。本当にひどい人ね。女を連れていってクレジットカードで払ったのね！　よくそんなことができるわね」

もしもキャロルが夫の浮気を確信しているなら、このようなやり取りはむしろ当然なものだろう。問題を解決するための最高の方法ではないかもしれないが、少なくともボブは、妻がなぜ自分を非難しているのか理解できる。

しかし、実際にキャロルが持っているのは数字が書かれた紙切れだけだ。彼女はこれこそが夫の浮気の証拠だと疑がっているのだが、どうすればこのおぞましい直感を上手に口に出して、ダイアローグができるだろう。

▼プロセスを告げる

もしキャロルのゴールが、この難しいテーマについて健全な話し合いをすることならば、唯一希望が持てる方法はダイアローグをすることだ。これはどんなテーマやどんな相手に対してもそのまま当てはまる。たとえば、「あなたはうるさく指示しすぎる」というような話のときでもだ。たとえ自分がキャロルのように相手への疑いで苦しんでいるときでも、ダイアローグが唯一の希望なら、相手への敬意を失ってはならない。同じく、非難や脅迫によって、相手の安心を脅かしてもならない。

ではどうすればいいだろうか。まず、自分から始めよう。本当に欲しいものは何か、結果を得るうえでダイアローグが果たす役割は何かと考える。それからストーリーを創るのである。その際、自分が反射的に犠牲者、悪党、無力な人のストーリーを創ってしまい、早まった結論に飛びついている可能性があることを理解しておかねばならない。思いついた最悪のストーリーに支配されて行動すると、沈黙と暴力の駆け引きに陥って自滅してしまう。真実のストーリーを見つけ出す最良の方法は、できるかぎり多くのストーリーを考えてみることだ。それによって感情が鎮まり、ダイアローグができるようになる。それに、最初の直感が正しいと分かった場合には、後からでも対決する時間はたっぷりあるのだ。

自分と向き合い、ダイアローグに適した状況が作り出せたら、微妙なテーマについて話すための五つのスキルを使う。それらは頭文字をとってＳＴＡＴＥと呼ばれる。

- Share：事実を共有する
- Tell：自分のストーリーを話す
- Ask：相手のプロセスを尋ねる
- Talk：仮説として話す
- Encourage：チャレンジを奨める

最初の三つのスキルは何をするか、後の二つのスキルはどのようにするか、に関するものである。

▼「何をするか」のスキル

▼プロセスを告げる第一のスキル――Share：事実を共有する

前章では、行動へのプロセスを逆さにたどり、スタート地点まで戻ると事実に至ることについて述べた。キャロルの場合であれば、クレジットカードの支払い明細を見たことが事実だ。その事実に基づいて、彼女はボブが浮気をしているというストーリーを創った。そして裏切られたと感じて、「あなたと結婚するべきではなかった」とボブを攻撃したのだ。二人のやりとりは、瞬く間に、しかも予想通りに不愉快な会話に展開していった。

もしキャロルが違う方法で話を進めたらどうだっただろうか。自分が創った不愉快なストーリーをいったん脇にどけて、（さらに新しいストーリーを創ったうえで）事実から話を進め、「たぶん何か理由があるに違いないわ。疑い始めたきっかけは請求書なのだから、そこから話を進めたらどうかしら」というふうに。

これが正しい方法だ。自分の意見を伝える最も良い方法は、自分の行動へのプロセスを、スタート地点から終点へと流れに沿ってたどることである（前章図6―2参照）。ところがアドレナリンで脳がフラフラしているときの私たちは、正反対の行動を取る傾向がある。感情とストーリーに囚われて、そこから話し始めてしまう。もちろんこれは論争になりやすく、相手にとって侮辱的なので、上手に相手に働きかける方法ではない。

さらに悪いことに、この方法は自己達成予言となって、自らを望まない結末へ導いていく。うっかり自分の本音を漏らさないようにと心配するあまり、うまく思いを伝えることができない。そして期待した結果が出ないと、この人とは込み入った会話はできないのだ、という結論を出すことになる。次にまた持ち出しにくい話があると、話をするのが前よりいっそうためらわれる。グッグッと煮えくり返る不満を自分の中に溜め込んで、やっとの思いで話を持ち出したときには、一気に報復攻撃してしまう。こうして悪循環に落ちていく。

事実は最も口論になりにくい。会話を安全に進める方法は事実から始めることだ。たとえばこんな事実があるとしよう。「昨日仕事に二十分遅刻しましたね」。これについては口論になる余地がない。一方、ストーリーはとても口論になりやすい。たとえば「あなたは信用できない」というのはどうだろうか。これは事実とは呼びがたい。侮辱的な内容の結論だ。だから当然いさかいの原因になる。最終的には自分の結論を伝えるにしても、会話をいさかいで始める必要はないのである。

事実は最も説得力がある。口論になりにくいことに加えて、事実のほうが主観的な結論よりも説得力が大きい。事実は自分の考えの根本にあるものだ。だから相手を説得したければストーリーから始めたりせず、見聞きしたことから始めよう。たとえば次の二つの文章をくらべると、どちらが納得しやすいだろうか。

「セクハラをやめてください」

あるいは、

「話をするとき、あなたは私の顔ではなく全身を上から下まで何度も見ます。それに、私の肩に手を回すこともあります」

ここで注意しておきたいのだが、説得力のある話し方を学んでいるとはいえ、私たちのゴールは、自分が正しさを一方的に主張して相手を打ち負かすことではない。自分の思いをありのままに聞いてもらうことが目的だ。分別のある常識的な人なのにどうしてそう思うのだろうか、と相手が考えるように手助けするのである。

ショッキングな結論（「あなたがメチャメチャにしたのよ！」）や相手を怒らせる結論（「私にしつこくつきまとわないで！」）から話し始めるのは、自分を悪党に仕立ててストーリーを創ってくださいと相手に促しているようなものだ。自分の結論を裏づける事実を示さなければ、相手が勝手に解釈してしまう。その場合、あなたが愚かだとかひねくれているのだと、相手が結論づける可能性は極めて大きい。

もしもあなたのゴールが、分別のある常識的な人がこのように考える理由を理解してもらうことであるならば、事実から話さなくてはならない。

頭の中がストーリーで一杯になっていて、何が事実か分からなくなっているのなら、緊迫した会話の前にじっくり時間をかけて事実と結論を分け、整理する必要がある。事実をきちんと収集することは、緊迫した会話を行うにあたって必要な準備である。

事実はあまり侮辱的にならない。自分のストーリーを伝えたいのなら、ストーリーから始めてはならない。あなたのストーリーは（とくに不愉快な結論であればあるほど）相手を驚かせ、侮辱する可能性が高い。たった一言の心ない言葉で、その場の安心感が一気に失われてしまうだろう。

ブライアン「リーダーとしてのあなたの仕事の進め方について話したいのです。あなたが事細かに指示をするので、私は気が変になりそうです」

フェルナンド「何だって？　時間通りに終われそうかどうかを聞いただけなのに、君はそんなふうに人を責めて……」

事実から始める。ストーリーから始めると安心が失われて、事実にまったく到達できないかもしれない。したがって、まず事実から始めて、行動へのプロセスに沿って相手を導く。相手にもあなたのプロセスを最初から最後まで経験してもらうのである。そうすれば、あなたが結論を話すときに、相手にもその理由やいきさつが分かる。あくまで事実から始めてストーリーに進もう。また、ストーリーを説明するときにはあくまでもストーリーとして話し、事実であるかのように話してはならない。

ブライアン「ここで働き始めて以来、毎日二回報告するように言われています。こんなに頻繁に報告するのは初めてです。それに自分の意見をプロジェクトのメンバーに話す前に、必ず部長に知らせるように、とも言われています」（事実）

フェルナンド「何が言いたいんだ？」

ブライアン「意図しておられることが、そういうことなのかどうか分かりかねているのですが、私は信用されていないのだろうかと思い始めているのです。私には仕事の能力がない

ので目が離せないとお考えなのかと。そういうことなのでしょうか？」（可能性のあるストーリー）

フェルナンド「そんなふうに考えていたのか。たんにプロジェクトが進み過ぎてしまう前に、自分の意見を伝えておこうと思っていたんだよ。君の前任者は、いつもプロジェクトの終了間際になって重要な見落としに気づくタイプだったのでね。そんなことにならないようにと思ってね」

まず事実を述べることによって、デリケートな話をするための土台が形成される。そこで初めてストーリーを話す資格が得られるのである。

▼プロセスを告げる第二のスキル──Tell：自分のストーリーを話す

ストーリーを話すときは、注意が必要だ。話し始めた途端に、相手が反発するかもしれないからだ。たとえ事実から始めたとしても、相手にとって不快な結論や意見を伝えようとしていることには変わりがないのである。

ではなぜストーリーを伝える必要があるのだろうか。それは、事実だけならばあえて言う価値がないからである。事実と結論の両方を伝えるからこそ対面の話し合いが必要だと言える。それに事実を伝えるだけでは、相手が真意を理解しないことがある。

「君が会社のソフトウェアをバッグに入れるところを見たんだ」

「ああ、それがソフトのいいところさ。持ち運びしやすくて」

「会社のソフトだよね」

「そのはずだね。会社の将来はこれ次第だ」

「僕の理解では、家に持ち帰ってはいけないことになっているはずだけど」

「もちろんだめだよ。持ち帰らせたら盗まれてしまうからね」

（ストーリーを話すべき時が来ているようだ）「君はなぜソフトをバッグに入れたのかなと思ってね。家に持って行くみたいだけど。そうなのかい？」

こういう会話には自信が必要だ。この例のようにネガティブな結論や、相手に好まれない判断を口に出すのはとても困難なものだ。自信がないと、一触即発の事態になりかねないストーリーを持ち出すことはできない。しかし、あらかじめストーリーの背後にある事実について考えて、ストーリーから事実を分けておけば大丈夫だ。きっとあなたは分別のある常識的な結論を出しているはずだ。その結論には聞く価値があるに違いない。加えて、事実から話を始めることでダイアローグの土台を形成することができる。それがたとえ論議を招きそうな話題であっても、自信を持って共有の思いのプールを満たせるはずだ。

ただし、やり過ぎてはいけない。話を持ち出す勇気がなくて、問題を長い間放っておいたときなど、チャンスが訪れたとたん、自分のストーリーを歯に衣着せずにまくし立ててしまったりするものだ。

たとえば小学校二年生の娘の先生と緊迫した会話をするとしよう。先生はあなたの娘を一年留年させたがっているが、あなたは娘が同じ年齢の子供たちと一緒に進級することを望んでいる。あなたの頭の中にはこんな考えがめぐっている。

「信じられない！　自分は大学までストレートにいったくせに、デビーの進級を一年遅らせようとするなんて。はっきり言って、あの先生は進級が一年遅れると経歴に傷がつくことなんて考えていないのよ。それに心療内科の医師に推薦状を書くなんて、どういうことよ。それもあのやぶ医者によ。前に会ったことがあるけど、風邪すら治せるはずがないわ。あんな連中の好きなようにさせてたまるもんですか」

このストーリーの中で、相手と共有すべきものはどれだろうか。おそらくこんな率直な物言いをすべて口に出すことはないだろう。健全なダイアログを望むなら、この悪党のストーリーは少し見直す必要がある。次にある、手直しをしたストーリーを見てもらいたい（言葉遣いが慎重に選ばれていることに注意してほしい。結局のところこれは事実でなくストーリーなのだから）。

「最初に先生のご提案を聞いたときには、即座に反対でした。でも落ち着いてよく考えてみると、自分が間違っているかもしれないと思い直すことができました。デビーにとって何がいちばんよいのか判断できるような経験が私にはありませんから。ただ一年遅れることがどれだけの傷をデビーに残すかと思うととても心配なのです。そう単純なことでないのはよく分かっています。ですから、この決定についてよく考えたいのです。先生と一緒にお話をして、客観的に考えたいのです」

自分のストーリーを述べたら、安心が揺らいでいないかどうか確認しよう。相手が反発や侮辱を感じた様子なら、会話の本題から離れてコントラスト化で安心させる。コントラスト化する方法は次の通りだ。

「先生が娘のことをとても心配しておられることは存じております。それに先生は専門的な教育を受けた方だということもです。私が心配しているのは、この点に関してではありません。先生はデビーにとっていちばん良いことをしようとお考えですし、それは私も同じです。私の唯一の気がかりは、これがとても難しい決定で、それによって娘の一生を大きく左右しかねないというところなのです」

コントラスト化するときに、自分の考えを詫びることのないように注意しよう。覚えているだろうか。コントラスト化の目的は自分の主張を曖昧にすることではなく、意図した通りに相手に受け止めてもらうことだ。自信を持って本当に言いたいことを伝えよう。

▼プロセスを告げる第三のスキル — Ask：相手のプロセスを尋ねる

先にも書いたが、微妙な意見を伝えるための鍵は自信と謙虚さの組み合わせにある。自信は事実とストーリーを明確にして伝え、謙虚さは相手の意見を求めることで表す。

自分の事実とストーリーを話したら、相手にも同じことを奨めよう。あなたの目的は、自分は正しいと主張したり、自分の意見を押し通したりすることだろうか。そうでなく、相手から学ぶことや最善の意思決定をすることならば、喜んで相手の意見に耳を傾けられるだろう。学ぼうとする姿勢から、あなたの謙虚さが伝わる。

たとえば自分に問いかけてみよう。「あの先生は何を考えているのだろう」あるいは「上司は本当にすべてのことについて自分に指示したいのだろうか」「夫は本当に浮気をしているのだろうか」。

相手の考えを知るには、相手の事実やストーリーや感情を知る必要がある。だから相手にも話すように奨めるのである。そして注意深く聞く。同様に大切なことは、新たな情報が共有の思いのプールに注ぎ込まれたら、潔く自分のストーリーを捨てたり、修正したりすることだ。

▼「どのように」のスキル

▼プロセスを告げる第四のスキル —— Talk：仮説として話す

前節で示した事例では、事実とストーリーの両方が慎重に仮説として表現されているのが分かるはずだ。たとえば「分かりかねているのですが」という表現がそれにあたる。

仮説として話すとは、ストーリー（推測）はストーリー（推測）として扱い、あたかも事実であるかのように見せかけたりしないという意味だ。たとえば「お気づきでないかもしれませんが」という表現は、あなたが絶対の確信を持っているわけではないことを示している。また「私の考えでは」という表現は、自分の話が私見でしかないことを伝えている。

ストーリーを伝えるときには、自信と謙虚さのバランスを取りながら話そう。自分の結論にそれなりの自信があることを表明しつつも、もし必要なら反論してほしいという気持ちを表すのである。そのためには「事実は」と言う代わりに「私の意見では」を、「皆が知っているように」の代わりに「協力会社の三人はそのように考えているが」を用いる。あるいは「私にははっきりと分かる」を和らげて「私はだんだんとそう感じるようになってきた」と表現するのである。

なぜ言葉をソフトにしなくてはいけないのだろうか。それは共有の思いのプールに思いを入れることとは、相手の口の中に無理やり押し込んで飲み込ませることとは違うからである。押し込もうとすると、思いがプールに入らない。それに事実にせよストーリーにせよ、それが真実だなどという確信はまったくないからだ。見聞きしたことには間違いがあるかもしれないし、ストーリーはたんなる推測でしかない。

それだけではない。仮定的な表現を使うと、相手の反発を和らげ、違う意見を言っても大丈夫だと安心させることができる。皮肉なことにテーマが厄介で相手の反発が予想されるときには、強引に話せば話すほど説得力がなくなる。仮説として話す方が、影響力が高まるのである。

仮説として話すことは、弱気で話すこととは違う。強引過ぎることを怖れるあまり、極端に萎縮した話し方をする人がいるものだ。そのような人は愚かな選択をしていて、安心を壊さずにデリケートな話をする唯一の方法は、その話が重要ではないように振る舞うことだと考えているのである。「多分私の間違いだと思うけれど……」あるいは「私がおかしいのだろうけど……」。

否定の言葉で話し始めたのに、その否定が本心からのものではないことが伝わる口調であるならば、百害あって一利なしだ。謙虚でオープンであることと、自信がないことは違う。言葉を選ぶときには、自分の意見であることがはっきり分かる言葉を選ぶべきであって、おどおどと緊張しているかのように聞こえる言葉を選んではならない。

・「良い」ストーリーとは……

ストーリーを、強すぎず、弱すぎず、適切に伝えるための最高の方法とはどのようなものだろうか。以下の例を見てみよう。

（オフィスでの会話）
弱すぎ「こんなことはバカげていると思われるかもしれないけれど……」
強すぎ「どうして私たちの目を盗んで、物を取っていくんだ？」
適切「自分で使うために物を持ち帰っているように思えてきたけど、そうなのかい？」

（母から娘への会話）
弱すぎ「私の間違いだと思うけど……」
強すぎ「自分の母親だっていうのに、これっぽっちも信用してないの!?」
適切「あなたは私を信用していないのだと思い始めたの。そういうことなのかしら。だとしたら信用されなくなった理由を知りたいのよ」

（夫婦の会話）
弱すぎ「僕が平均よりもセックスをしたがるタイプだからだと思うんだけど……」
強すぎ「毎回、僕の相手ができないと言うなら、他の相手を見つけるだけだ」
適切「わざとじゃないと思うけれど、君に拒絶されているように感じ始めたんだ」

▼プロセスを告げる第五のスキル――Encourage：チャレンジを奨める

相手の考えを尋ねるときには、言葉遣いで大きな違いが出る。相手に話をするように奨めるだけではなく、どんなことを話してもかまわないからぜひ聞かせてほしいという気持ちを伝えなくてはならない。相手は、たとえあなたと違う意見やストーリーでも、安心して話せなくてはならない。そうでなければ、話そうとしないだろうし、私たちは自分の意見の的確さを確かめることができない。

これは緊迫した会話で、相手が沈黙しかねないときの大切なポイントだ。自分が本音で話せば相手が黙ってしまうのではないかと心配して、愚かな選択をする人がいるものだ。自分の本心を語るか、あるいは相手の意見を聞くか、どちらか一方を選んでしまう。だが、最高のダイアローグをする人々はそのような選択をしたりせず、両立させることを考える。彼らは、自分の意見をどこまで強く主張できるかのリミットは、相手に対して、どれだけ熱心に意見を求めるか次第だと分かっているのだ。

だから相手がためらっているのに気づいたら、どんな意見でも聞きたいと伝えよう。あえて反対意見を求めるのだ。物議をかもし出すものやデリケートなものなら、言葉に出す勇気は尊敬に値する。相手の事実やストーリーが自分のものと違うなら、自分の理解を完璧なものにするために聞く必要がある。積極的に意見を求めて、相手に発言の機会を与えよう。「違う意見の人はいますか」「私が見落としていることは何かありますか」「違う見方があればぜひ教えてください」などの言い回しがその例だ。

その際必要なのは、本気であることだ。意見を言うように奨めていながら、「さて、これが私の考えだ。誰も反対はないね。どうかな？」のような、脅しているとしか思えない話し方をする人がいる。相手の意見を求めるなら「あなたの意見が聞きたい」ということが伝わる言葉と口調でなければならない。たとえば「皆がこの話をためらっていたのは知っている。しかしぜひ意見を聞きたいんだ」とか「この話には少なくとも二つの側面がある。違う見方をしている人の意見を聞いてみたいがどうだろう。この決定によってどんな問題が生じるだろうか」と奨めてみよう。

あなたの事実やストーリーに賛同していないことが明らかなのに、誰も声を出さないときがある。心から発言を求めても、違う意見を言うように奨めても黙っている。こんなときには会話の潤滑油として反対のための反対を使ってみよう。自分から自分の意見に対して反対意見を述べるのだ。「たぶん私の意見は間違っているんだろうね。反対の見方が正しいとどうなるのだろうか。売り上げ減少の理由が……」

▼浮気の問題に戻ると

STATEのスキルは、実際の微妙な話のときにどのように組み合わせて応用するものなのか、モーテルの請求書の話に戻って見てみよう。今回はキャロルも話を上手に切り出せたようだ。

ボブ「ただいま。今日はどうだった？」
キャロル「あまり良くなかったわ」
ボブ「どうかした？」
キャロル「クレジットカードの明細をチェックしていたのよ。そうしたらグッドナイト・

モーテルから四十八ドルの請求があったことが分かったの」（Share：事実を共有する）
ボブ「変だな」
キャロル「そうなのよ」
ボブ「心配することないさ。こんど通りがかりに確認してみるよ」
キャロル「今すぐ確認したいわ」
ボブ「今？　五十ドルにもならないのに。後でいいよ」
キャロル「お金のことが心配なんじゃないのよ」
ボブ「心配なことがあるのか？」
キャロル「通りのすぐそこのモーテルよ。実はね、妹は夫のフィルが浮気をしたときに同じようにして見つけたの。怪しいホテルの請求書が出てきたのよ（Tell：ストーリーを話す。Talk：仮説として話す）この請求書はいったいどういうことだと思う？」（Ask：相手のプロセスを尋ねる）
ボブ「請求書のことは分からないが、僕のことを心配する必要はないよ」
キャロル「あなたのことを疑う理由なんて何もないのよ。浮気したと本気で思っているわけじゃないの（コントラスト化）。でも今すぐに確認するほうがすっきりした気持ちになれ

るのよ。それじゃ面倒かしら？」（Ask：チャレンジを奨める）
ボブ「そんなことないよ。じゃ今すぐ電話して確かめよう」

筆者たちが取材した実際の会話も、ここに書かれた内容とほとんど変わらなかった。疑いを抱いた妻は夫に対する非難やネガティブなストーリーを上手に避けて、事実を伝えてから仮説として導き出した結論を共有した。やがて分かったのは、この夫婦が一カ月前に行った中華料理店とモーテルの経営者が同じで、クレジットカードの端末を共有していたということだった……やれやれ。じつに紛らわしい話だ。

仮説としてストーリーを共有することで、キャロルは大喧嘩を避けることができた。そしてあっけなくひびが入ると思われた夫婦関係は、より固い絆で結ばれたのである。

▼強い確信と柔軟なアプローチ

さて、もう一つコミュニケーションのチャレンジに目を向けてみよう。これは、自分に確たる自信があるときのことだ。ここでは、なんとしても持論を主張する男性を例にとろう。今まさに議論が始まり、彼は意見を述べ始める。彼の行動は家でも職場でも同じだ。行列に並んでいるときですら自説を主張しないと気がすまない。

残念なことに大きな利害関係があり、相手が自分とは違う意見を主張していると（しかも彼自身が、自分が正しくて相手は間違っていると内心確信していると）、彼は強引に主張して、議論に勝とうとする。相手の意見が通れば大変なことになる、リスクはあまりに大きい、正しいのは自分ひとりだ、と信じているからだ。「自分以外の人々は生半可な判断で事を台無しにするだろう。この場ではたんに話すだけではダメだ。自分の意見をなんとしても通さなくてはならない。相手はもちろん反発するだろうが、そのときは跳ね返さなくてはならない」というわけである。

筆者たちは、コンサルタントとして似たような状況を幾度も目にしてきた。会社の経営幹部がテーブルを取り囲んで、重要な案件について議論を始める。最初に誰かが「そのことを熟知しているのは彼女だけだ」と言う。すると別の誰かが、悪意を込めていろいろな事実を述べ始める。一方、重要な情報を持っている別の人は完全に黙り込んでしまう。最初のうちは慎重に言葉を選びながら仮説として意見がやり取りされる。だが、感情が昂るにつれて、自分の正しさを主張する言葉が飛び交い、断定的な言葉がぶつかり合うようになる。最後には誰も他人の話を聞かず、全員が沈黙か暴力のどちらかを使っている。共有の思いのプールは干上がり、誰も勝者になれない。

▼どうしてこうなるのだろうか

自分の意見を他人に強引に押し付けてしまうのは、たいてい自分が正しく、他の人はみんな間違っていると考えているときなのだ。「誰もダイアローグなど気にしていないのだから、共有の思いのプールを大きくする必要などない。真実を毅然と守るのは、自分の務めだ。これは立派な行動だ」

もちろん、このストーリーに悪党は出てこない。彼以外の全員に知識が不足しているだけだ。言うなれば彼は、世間知らずで了見が狭い人たちに立ち向かう戦士なのだ。

正しいことのために戦うのが自分の務めだと確信すると、私たちは何種類もの武器を取り出す。やり方は汚くても正義のためだと思ってしまうのだ。討論で使われるさまざまな策略のうち、その最たるものは「不正工作」だと言える。自分に都合の良い情報だけを公表して、都合の悪いものは隠したり潰したりする。また「このやり方しかないことは誰でも知っている」というように話を誇張する。それでもうまくいかないと、棘のある言葉を使う。「まともな人なら賛成するはずだ」という具合だ。

ここまでくると、汚い策略を使い始めるのは時間の問題だ。権威を利用して「上司がそう思っているんだ」とか、相手を攻撃して「そんなことを信じるような世間知らずじゃないだろう」、または早まった一般化をして「海外の業務がそうなら、ここでも同じに決まっている」などと言ったりする。こうして強引な手段に訴えれば訴えるほど、反発が強まってチームワークが悪化し、人間関係が壊れていく。

▼どうしたら変えられるだろうか

強引すぎる話し方への解決策はいたってシンプルだ。むろん実行できるとすれば、の話である。自分の意見がいちばん優れているのだからなんとしてでも相手を説得したい、と考えている自分に気づいたら、攻撃を緩めて少し後ろに下がるのだ。そして、自分のために、相手のために、お互いの関係のために本当に欲しいものは何か考えてみよう。それから自分に問いかけるのである。「これらを得るために自分がすべきことは何か?」。アドレナリンのレベルが下がって興奮が鎮まってきたら、STATEのスキルが使えるはずだ。

ポイントの一つ目として、相手が反発を始める瞬間を逃さないようにしよう。いかに大切なテーマであっても、いったん話の本題から離れて、注意を自分自身に向けるのだ。前傾姿勢になっていないだろうか？　声が大きくなっていないだろうか？　勝つことが目的になっていないだろうか？　自分だけ一方的に話していないだろうか？　自分にとって大切なテーマであればあるほど、自分の行動が最高の状態から外れていく可能性は高い。こうした問いかけを覚えておこう。

二つ目に、トーンを落として、自分の勢いを緩めよう。相手にも意見があるかもしれない、問題の謎を解く鍵の一つを持っているかもしれない、と意識的に考えるのだ。そして心を開いて相手の意見を求めよう。

もちろんこれは簡単なことではない。重要な話の途中でいったん引き下がるのは、本能に反した行動なのだ。また、自分の意見が正しいと確信しているときに言葉をソフトにするのも難しい。間違っていると分かっている相手の意見をわざわざ尋ねたい人がいるとしたら、その人はどこかおかしいと誰もが考えるだろう。

実際、自分は自分の意見が正しいと確信していて、相手と対立しているときに、仮説として話すのは、不誠実にすら感じるものだ。いったん引き下がらない限り、相手が反発するだろうと頭でわかっていても、それを行動にうつすのは難しい。

自分が強い意見を持っているときは、強い気持ちが裏目に出る。強い意見を持つこと自体が悪いわけではないが、どのように表現するかが問題だ。

強い考えや信念があると、感情が込み上げてきて、自分のやり方を押し付けてしまうものだ。感情の昂りと同時に、消火栓から噴き出す水のように激しい言葉がほとばしって、自分の考えはプールに流れ込まなくなる。そして相手は反発する。

対処法としては、一方的に話し始める前に自分の行動に気づくことだ。自分が憤慨していたり、なぜこれほど明白なのに相手が賛成しないのか理解できないと感じたら、危険な状況に近づきつつあると自覚しよう。

それから少し下がって、言葉遣いを和らげよう。自分の信念はしっかりと持ち、やり方だけをソフトにするのだ。

▼まとめ――プロセスを告げる

話しにくいメッセージがあるときや、自分の正しさを確信しているので、強引に押しすぎるかもしれないと思うときには、プロセスを告げるSTATEを思い出す。

Share：事実を共有する―行動へのプロセスの中で最も口論になりにくく、説得力の高い部分から始める。

Tell：自分のストーリーを話す―自分がどんな結論に到達しつつあるのかを説明する。

Ask：相手のプロセスを尋ねる―相手にも事実とストーリーを話すように奨める。

Talk：仮説として話す―ストーリーは仮説として話し、事実であるかのように見せかけない。

Encourage：チャレンジを奨める―異なる意見や対立する意見であっても、相手が安心して話せるようにする。

第8章
プロセスを引き出す――激怒する相手、だんまりを決め込む相手から聴き出す

人を説得する最高の方法、その一つは耳をすまして聴くことだ。

――ディーン・ラスク

この数カ月、あなたの娘のウェンディは今にも凶悪犯罪を起こしそうな不良少年と付き合っている。付き合い始めて一週間もたたないうちに、ウェンディの服装はとてもだらしなく

なり、話し方も乱暴になってきた。あなたは慎重に言葉を選びながら、最近の変わりようについて話し合ってみたが、娘はあなたを馬鹿にしたりののしったりした挙句、すねて自分の部屋に閉じこもってしまった。

さあ、どうしたらいいだろうか？　自分から相手に働きかけるべきだろうか？　そうしたところで、黙り込んだり（自分の思いを打ち明けない）癇癪を起こしたり（乱暴で人を馬鹿にした話し方をする）している相手とダイアローグすることはできるだろうか？

答えはあくまで「場合によりけり」である。寝ている虎を起こしたくないなら（この場合には、梯子を踏みはずしかけている娘を放置する、と言うべきかもしれない）、放置しておくのも選択肢の一つだ。言いたいことがありそうだが、会話を拒絶しているのは相手のほうだ。また、コルクの栓を抜いて泡をまき散らしているのも相手なのだ。コルクの栓を取りにいくことならあなたにもできるが、相手が考えることや感じることには、責任を持てない。

その一方で、共有の思いのプールに思いを注がないことには、お互いの違いを永遠に乗り越えられない。癇癪を起こしている相手や黙り込んでいる相手にも、ダイアローグに参加してもらわなくてはならないのだ。強制的に引きずり込むことはできないが、ダイアローグに入りやすいように相手を安心させることならできる。安心の欠如こそ、相手が沈黙や暴力を使う原因だからである。

相手は、ダイアローグをすることによって無防備になることを恐れている。本音で話すと悪いことが起きると信じているのである。たとえばあなたの娘の場合は、あなたと話せば説教されて、自分に優しくしてくれるたった一人のボーイフレンドとの付き合いをやめさせられると恐れている。この場合、娘との関係を修復する希望が持てる唯一の方法は、相手を安心させることなのだ。

▼プロセスを引き出すスキル

第5章では、安心の揺らぎに気づいたときに、会話の本題から離れて相手を安心させることについて述べた。失礼なことをして相手を怒らせたときは謝る。自分の動機を誤解されたらコントラスト化で自分が意図すること、意図しないことを説明する。さらに、双方の立場が相容れないときには共通の目的を探し出す。

ここでもう一つ、「プロセスを引き出す」という、相手を安心させるためのスキルを紹介しよう。このスキルは、行動へのプロセスのモデル図に基づいている。まずは、相手に働きかけて、相手の行動へのプロセスの中にある事実、ストーリー、感情など何を話しても大丈夫だと信じてもらう。そうすることで相手が話し始める可能性を高めるのである。

ではその方法を見ていこう。

▼自分から始める 聴く準備をする

①誠実に接する 相手が見聞きした事実や創り出したストーリーを聞きたければ、胸のうちを話してくれるようにお願いしなくてはならない。それにはまず、自分が本心から聞きたいと思うことが大切だ。たとえば次の例を見てほしい。これはある患者が病院で受診したときのやり取りだ。受付係には、患者がどこか落ち着きなく不満気だと感じられた。

「診察は無事におすみですか?」と受付係が尋ねる。

「ええ、まあ」と患者が答える(何か問題があったことを示す手がかりがあるとすれば、「まあ」という言葉遣いだ)。

「そうですか」受付係は無愛想に応じてから、「次の方!」と大声で言った。

これは見せかけの関心を示した典型的な例である。「どう、元気?」という挨拶と似たり寄ったりで、意味するところは、「あまり重たい話をしないでくれよ。ほんの気軽な挨拶のつもりだから」である。しかし人に心を開いてくれと頼むときには、真剣に聞く心構えが必要だ。

②好奇心を持つ　共有の思いのプールを大きくするために話を聞きたいときは（と言うより、聞くべきなのだが）まず相手を安心させる。それから沈黙や暴力の原因となったストーリーを話してもらう。それにはつねに冷静を保ち、相手に対する好奇心を持つことが求められる。相手と同じ土俵で仕返しをしたりせず、相手の行動の奥に潜んでいるものは何だろうかと興味を持つ必要があるのだ。

ダイアローグに戻る近道は、恐怖や不安の原因を知ることだ。相手が取った沈黙や暴力に対して、自分が同じようにやり返しても何も始まらない。原因に対処するのが一番だ。そのことが分かっている人は、なぜ相手は不安なのだろうといつも考えているものだ。誰かから学んだのか、あるいは自分で試行錯誤して得た結論なのだろう。だから私たちは、イライラしても腹立たしくても、本物の好奇心を持たなくてはならない。

やり返したくなる本能を抑えて、本物の好奇心を持てるような体験をしてみよう。まず、好奇心を持てそうな状況を見つける（あなたが個人攻撃されたり、ピンチに陥ったりする可能性がないミーティングなどで）。あなたは冷静なのに、誰かが感情的になった瞬間がチャンスだ。その人の怖れや怒りの原因を探してみよう。ふだんなら自分がアドレナリンを放出してしまう状況だが、好奇心を全開にして原因を探るチャンスに変えてみる。

そうすると何が起こるだろうか？　落ち着きのない患者の話に戻って考えてみよう。

受付係「診察は無事におすみですか？」

患者「ええ、まあ」

受付係「何か問題がございましたか？　そのようにお見受けいたしますが？」

患者「ちょっと治療が痛かったので……。それにお医者さんが、そのう、ずいぶんお年の方ですよね……」

このケースでは、患者が話をためらっている。もし本当のことを言えば医師を侮辱することになるし、仕事熱心なスタッフの気分を害するだろうと考えているのだ。だがこのときは、受付係が（言葉と口調の両方で）何を言っても大丈夫だと伝えて安心させたので、患者は話を続けたのだ。

③好奇心を保つ　相手のストーリーや感情が私たちをカッとさせるような内容ならば、私

たちはそれに対抗して犠牲者、悪党、無力な人のストーリーを引っ張り出しかねない。そうすれば、相手が不愉快な話をする理由を自分に都合よく説明できるからだ。そうして、相手にはよこしまな動機があるのだと結論づけてしまう。たとえばこんな具合だ。

受付係「ええっ!? 恩という言葉をご存じないのですか？ 苦しんでいる人々に人生を捧げてきた立派な先生ですよ。少し年をとりすぎたからと、お払い箱にしようなんて！」

相手のストーリーに対して過剰な反応をしないように、意識して好奇心を保とう。それには脳が集中し続けられるような難しい質問を自分に投げかけるのがいい。「なぜ分別のある常識的な人がこんなことを言うのか」と自問するのだ。すると、話の断片をつなぎ合わせながら、相手の行動へのプロセスを組み立てることに集中できる。また、たいていの場合、どんな人もそれなりに常識的な結論を導き出すものだと分かってくるはずだ。

④辛抱強く　相手が感情や思いに支配されて沈黙と暴力を使っているなら、アドレナリンの影響下にあると考えたほうがいい。あなたが最善を尽くして適切な行動を取ったとしても、相手が落ち着くまでには時間が必要だ。

たとえば友人があなたへの不満をぶちまけたとする。あなたは敬意を示して会話を続け、最後に二人は同じ意見で合意した。それでも、友人はまだ語気荒くわめき立てているかもしれない。なぜなら強い感情が消えるまでには時間がかかるからだ。思考はあるものから別のものへと素早く移り変わる。一方、感情が鎮まるまでには時間がかかる。感情を生む化学物質は、いったん放出されると血液の中に長い間とどまるからだ。頭の中が新しい思考に変わった後も、感情だけがまだ残っていることがある。だから相手の考えや感情を聞き出すには、辛抱強くなければならない。行動へのプロセスを説明してくれるよう促して安心させ、相手の感情が思考に追いついてくるのを待つのだ。

▼行動へのプロセスを逆さにたどるように相手に奨める

好奇心を持ち続けて話し合おうと決意したら、次は、行動へのプロセスを逆さにたどってもらうために、相手に手を貸してあげよう。残念なことに、私たちはこれが不得手だ。相手は何かを見聞きし、ストーリーを創り、(たぶん恐怖や怒りや失望などが混ざり合った)感情を生み出して、ストーリーに基づいた沈黙や暴力を開始しているのだ。そこに私たちが登場して会話を始める。私たちは相手の最初の言葉を聞いたばかりなのだが、当然ながら相手の行動へのプロセスの終点付近に飛び込むことになる。第6章で紹介した行動へのプロセスのモデルでは、プロセスの最終段階である「行動」のところだ。プロセスの終点近くから会話に参加することがどれほど複雑で苛立たしいことか、イメージしてみよう。たとえば、お気に入りのミステリー・ドラマを見ているところを想像してほしい。今日はうっかりして、ドラマの前半を見逃してしまった。途中からでは、どうも内容がよくつかめない。イライラして、「後半だけ見て、最後まで真相を推理しなきゃいけないのか。前半の筋書きはどうだったんだ！」と叫びたくなる。

緊迫した会話はこれと同じくらい分かりづらい。先にも述べたように、私たちは、相手の行動へのプロセスの途中から参加する。そのためストーリーの前提になっているものが分からなかったり、混乱したりする。注意していないと相手に反発をしてしまう。というのも、遅れて参加したので状況がよく分からないばかりか、相手の行動が私たちを不愉快にさせるからだ。

相手の非難や攻撃を受け止めながら考えることは、簡単なことではない。私たちが「なんて興味深いストーリーを創ったんだ。いったいどうしてそうなったのだろうか？」と考えることなど、滅多にないのだ。むしろ、相手と同じ行動で応じようとする。自分の中で自己防衛の反応が始まり、それに続いて醜いストーリーが創り出され、不適切な行動を取ってしまう。

しかしダイアローグが上手な人は、沈黙と暴力の連鎖を上手に断ち切る。そのために、会話の本題から離れ、相手が安心して話せるようにする。相手を導いて、意地悪な気持ちになったり、短気な行動をした原因へと注意を向けさせるのだ。言葉を変えれば、相手と一緒に相手の行動へのプロセスをたどることになる。私たちが促せば、相手は感情からストーリーへ、そして見聞きしたことへと話を進める。

行動へのプロセスのスタート地点までたどれるように力を貸してあげると、相手の反応が和らぐ。しかも、こじれた感情の問題を解決できる場所、つまり感情の原因となった事実やストーリーに到達することができる。

▼パワーアップする

ここまでは、相手に話を奨める私たちの役目について述べてきた。ではいつ、奨めたら良いのだろうか。その合図は単純明快だ。相手が沈黙や暴力を使っているときや、機嫌が悪かったり、怖がっていたり、怒っているときである。相手の感情の原因を突き止めなければ、いつまでも悪影響が続く。相手が感情を表に出したら、それが相手のプロセスを逆さにたどり始める合図だ。

その方法として、相手が心を開き、行動へのプロセスを話すよう、誠実に誘導してあげることになる。当然ながら次の疑問が浮かぶ。「具体的に何をすればいいのか？」

一言で答えるなら、聴くことだ。相手の話をよく聴いてあげると、相手は安心して何を話しても大丈夫だと理解する。私たちはけっして機嫌を損ねないし、相手の不利にはならないのだと信じてもらう必要があるのだ。こう信じて安心しないかぎり、相手がすべてを話し始めることはないだろう。

▼四つの強力なリスニング・スキル：AMPP

相手に、行動へのプロセスを話してくれるように促すときには、安心して正直に話してもらうためのリスニング・ツール：AMPPを使う。このツールは「質問：Ask」「ミラーリング：Mirror」「言い換え：Paraphrase」「呼び水：Prime」の四つのスキルで構成されている。これをAMPPと呼ぶ。これは沈黙にも暴力にも有効なツールである。

▼Ask：質問して前に進める

最も簡単で単刀直入なパワー・リスニングの方法は、行動へのプロセスを話してはどうかと相手に奨めることだ。ただ尋ねるだけで行き詰まりを打開でき、相手の意見を理解できることがある。真摯に関心を示されると、相手は沈黙や暴力を使う必要をそれほど感じなくなる。たとえば「パパ、私の新しい洋服を気に入ってもらえた？　それとも学校の風紀委員に言いつける？」とウェンディが作り笑いしながら言ったとする。

「どういうことかな？」とあなたが尋ねる。「何か心配事があるならパパはぜひ知りたいね」目下の口論から離れて、何があったのか説明してもらえないかと言うだけで、沈黙や暴力がおさまり、問題の原因を突き止められることがあるのだ。

質問をするときの一般的な言葉は以下の通りである。

「どうしたの？」

「あなたの意見をぜひ知りたいのです」

「違う意見があるなら、ぜひ教えてください」

「私が気を悪くするかもしれないなどと心配する必要はまったくありません。あなたの考えをぜひ聞きたいのですから」

▼Mirror：ミラーリングで感情を確認する

質問が会話の糸口にならないときには、ミラーリングで相手を安心させられることがある。ミラーリングでは相手の行動へのプロセスの一部分を利用する。今は、相手の行動と感情についてのヒントがほんの少しだけ得られた段階だ。だからあなたはそのヒントを使って、もっと話しても良いのだと伝え、相手を安心させる。ミラーリングでは、あたかもミラー（鏡）を相手に向けて持つようにして、相手がどのように見えるか、どのように行動しているかを伝える。相手のストーリーや事実がわからないときでも、感情ならば行動の手がかりから推し量ることができる。

この方法は、相手の感情が話の内容と一致していないときにとくに役に立つ。声の調子や表情や仕草は、人の本当の感情を伝えるからだ。たとえばこのような場合だ。

「心配ないよ。大丈夫だよ」（ところが相手は怒った表情を浮かべ、顔をしかめ、あたりを見回し、地面を蹴っている）

「本当に？　大丈夫ではなさそうに聞こえるけど」

このように、相手の話の内容が、口調やボディランゲージと一致していないことを説明する。そうすることで相手へ敬意と配慮が伝わることになる。

ミラーリングで最も大切なことは私たちの口調である。「あなたの気持ちが分かる」と言葉に出すことが相手を安心させるのではない。今の気持ちを抱いたままでも大丈夫だと、穏やかな口調によって伝えることが大切なのだ。うまくいけば相手は、感情的な行動を続けるより、話したほうがいいと考えるかもしれない。

だからあくまでも穏やかに、相手の様子や表情を説明しよう。あなた自身が腹を立てていたり不満を感じていると、相手は安心できない。そして、やはり黙っているほうが安全だと思い込んでしまう。

ミラーリングの例を見てみよう。

「大丈夫だと言ってるけど、怒っているように聞こえるよ」

「私に腹を立てているように見えるけど」

「彼と話すのが怖いみたいだけど。本当にそうしたいの？」

▼Paraphrase：言い換えでストーリーを確認する

質問やミラーリングによって、相手のストーリーの一端を知ることができる。そこから相手の感情の原因について手がかりが得られたら、相手の言葉を言い換えよう。それによって、さらに安心させることができるからだ。ただし、たんなるオウム返しにならないように注意して言い換えなくてはならない。知り得た情報を簡潔にまとめて、自分の言葉で話すのである。

「つまりこういうことかな。パパがウェンディの服装が心配だと言ったことが、ウェンディには、コントロールしすぎで古いやり方だと感じるわけだね」

ミラーリングと同じく、言い換えの場合にも、鍵になるのは私たちが穏やかに落ち着いていることだ。目的は相手を安心させることだから、話の内容に驚いたり、これはたいへんな話になるぞという素振りを見せたりしてはならない。集中し、なぜ分別のある常識的な人がこのような行動へのプロセスをたどったのかと考える。そうすれば腹を立てることも反発することもない。穏やかな口調で、相手の話を言い換えよう。この言い換えで、自分が相手を理解しようとしていることと、安心して率直に話しても大丈夫だと伝えるのである。

ここまでを簡単にまとめてみよう。相手は本当の思いをまだ話していない。私たちはそれが分かっている。相手は沈黙か暴力を使っていて、私たちはそれがなぜなのか知りたい。そこでスタート地点の事実に戻って問題解決をしようと思う。相手に話すように奨めるために、三つのリスニング・スキルを試してみた。この段階で相手がまだ怒っていて、ストーリーも事実も話そうとしない場合にはどうすべきだろうか。もしかしたら、いったん引き下がったほうがいいかもしれない。すでに、いろいろ試してみた。やりすぎは禁物だ。

こちらが強引だと、相手は詮索されていると感じるかもしれない。私たちの目的が、自分の聞きたいことだけを都合よく聞き出すことだと疑うかもしれない。あるいは、相手のことなど心配していないのだと受け取る可能性もある。強引すぎれば共通の目的や相互の敬意が失われてしまう。だから危険を冒さずに、引き下がるのである。丁寧に話を終えて、どうしたいか相手に尋ねる。質問すれば、相手の脳が質問の答えを探し始める。それがきっかけとなって、沈黙や暴力が終わり、問題解決に向かう可能性が出てくるかもしれない。また、相手が問題の原因をどのように考えているか明らかになるかもしれない。

▼Prime：それでもだめなら呼び水を注ぐ

一方この段階で、相手が話したがっているように見える場合もあるだろう。その場合、相手にはもう少し安心が必要なのかもしれない。あるいはまだアドレナリンが相手の体内を駆け巡っているために、暴力を止められず、そのせいで順序だった説明ができないのかもしれない。こんなときには、呼び水を注いでみよう。

Primeの「呼び水を注ぐ」という言葉は、「ポンプに呼び水を注ぐ」ことに由来している。古い手押しポンプを使ったことがある人ならば、この喩えが分かるだろう。ポンプで水を汲み上げるには、まず水を注がなくてはならないことがしばしばあった。最初に水を注げば、順調に水を汲み上げることができた。同じように、的外れにならないよう、最善の努力を尽くしたうえで自分が推測した内容を共有の思いのプールに少しだけ注ぎ込んで、相手の話の呼び水とするのである。

何年か前に、筆者の一人が役員会のコンサルティングをしたときのことである。この役員会は、会社のある事業部に午後の勤務シフトを増やすことを決定した。三時から真夜中までの午後シフトを追加しないと、設備の稼動率を維持できないからだった。今後従業員は、二週間ごとに午後シフトにつかなくてはならない。残酷だが避けられない選択だった。

こんな決定が歓迎されるはずがない。会議に参列した役員が決定内容を発表したとき、従業員は静まり返っていた。明らかに不服そうだが誰も口を開こうとしないのだ。この決定は、会社の利潤追求を優先させて、従業員のことを何も考えていないということではなかった。昼シフトと午後シフトのローテーションが始まれば、家族と過ごす時間が短くなる。たいへんな負担になることは、役員たちには容易に察しがついた。しかし、赤字が続いているため、午後シフトを追加しなければ最終的には従業員が仕事を失うことになる。十分な考慮の末、この決定に至ったのだ。にもかかわらず、この場にいた業務部門の責任者は、従業員から誤解されることを危惧していた。

役員は、従業員が納得しないままで会議室を出てほしくないと思っていた。そこでムッと黙り込んでいる従業員に、心の中の思いを話してもらおうとした。まずミラーリングをした。

「私には皆さんが怒っているように見えます。おそらく怒らない人などいないでしょう？そこでお聞きしたいのですが、これに関して私たちにできることはありますか？」

しばらく待ったが、何も変化はなかった。そこで最後にこの役員は、呼び水を注ぐことにした。的外れにならないように精一杯の努力をして、従業員の考えを推測したのである。皆さんは安心してどんな意見でも話してくださいと前置きした上でこう言った。「この決定は、会社の利潤追求のためだけに行われたと考えておられるのではないですか？　皆さんの生活のことなどまったく配慮していないではないかと考えておられませんか？」

しばらく間が空いた後、誰かが声を上げた。「そんなふうに思えます。役員の皆さんは、これがどんなにたいへんなことか分かっておられますか？」。別の誰かがあいづちをうち、やがて全員が話に参加し始めた。

呼び水は他の方法がうまくいかないときに用いるものである。この方法でも、相手の意見を知りたいと本心から思うことが大切だ。加えて、相手の気持ちをはっきりと推測できなくてはならない。したがって、安心させて話を促す方法であるものの、大きなリスクも伴う。自分の推測が間違っていれば、なぜ根拠のない当て推量を言うのかと相手に追及されるかもしれないからだ。そうすると自分が困った立場に追い込まれる。「呼び水を注ぐ」ことは信頼に基づいた行為なので、相手が裏切られたと受け止めないように万全の注意が必要である。

▼相手が間違っているときはどうすればいいのか

相手の行動へのプロセスが自分とまったく違うときはどうすればいいだろう。相手の主張は完全な間違いかもしれないのに、誠実に聞くことは危険にすら感じられるものだ。それなのに自分は穏やかに、落ち着いていなくてはならない。この状況は私たちを不安にさせる。

こんなときにも相手の話を安心して聞けるように、覚えておくべきことがある。話を聞く目的は、相手の意見を理解することだ。賛成したり支持したりすることではない。理解することイコール賛成することではないのだ。相手の行動へのプロセスを理解したからといって、それをそっくり受け入れる必要はない。自分のプロセスを説明する時間はいくらでもある。今は相手の感情と行動を理解するために、話を聞いているところなのだ。

▼緊迫した状況でプロセスを引き出すには

これらのスキルを、どのように組み合わせて使うのか、再びウェンディの例で見てみよう。彼女は例の素行の悪そうなボーイフレンドとデートをして、家に戻ってきたところだ。あなたは力まかせにドアを開けてウェンディを家の中に引きずり込むと、二重に鍵をかけ、話(らしきもの)をする。

ウェンディ「どうして私に恥をかかせるのよ！　もう二度と話をしてもらえないわ！　せ

っかく私のことを好きだって言ってくれる彼ができたのに、もう、パパなんか大嫌い！」
自分「あんな男は彼なんかじゃない。どうせすぐに刑務所行きだ。お前はあんな奴と付き合うような子じゃないはずだ。なぜあいつと付き合って人生を台無しにするんだ？」
ウェンディ「パパはどうしてそうやって私の人生をメチャクチャにするの。あっちへ行って！」

ウェンディの部屋のドアがバタンと閉まり、あなたはリビングのソファにドスンと沈み込む。気持ちがカァーッと昂っている。ウェンディがあの男と付き合い続けたらどうなるのか。想像するだけで背筋が寒くなる。と同時に、ウェンディに嫌いと言われてあなたは参ってしまった。ウェンディとの関係がガラガラと崩れ落ちていくようだ。

そこで自分に問いかける。「本当に欲しいものは何だろうか？」。この問いかけを繰り返すうちにあなたの動機が変わってくる。ウェンディをコントロールすることや、自分のプライドを守ることは、もはや大切なものとは思えない。いちばん大切なのは、もっと深く大きな意義のあることだ。「ウェンディを理解すること、ウェンディと良い関係でいること。それにウェンディ自身の選択によってウェンディが幸せだと感じること」

今晩が話すのに適したときなのかそうでないのかは分からないが、話をしないことには道が開けない。そこで試してみることにした。

自分（ドアをノックしながら）「ウェンディ、話してもいいかな」
ウェンディ「勝手にすれば」（あなたはウェンディの部屋に入りベッドに腰掛ける）
自分「あんなふうに恥をかかせて悪かった。ひどいことをしてしまったよ」（安心させるために謝る）
ウェンディ「どうせいつものことよ。パパはいつもそうやって私の人生をコントロールしてきたでしょ」
自分「そのことで話してもいいかな？」（質問する）
ウェンディ（怒った声で）「どうでもいいわ。どうせ親だからでしょ」
自分「どうでもいいことのようには聞こえないよ（ミラーリング）。パパにコントロールされていると思う理由を教えてくれないかな」（質問する）
ウェンディ「どうして話さなきゃいけないの？　話したら、私がどれほどバカか教えてくれるわけ？　だからパパの言うとおりにしろって言うんでしょ！　やっと私を大事にしてくれる彼ができたのに……。彼を追い払っておいて！」
自分「大事にしてくれるのは彼だけだって？」（言い換える）
ウェンディ「だってそうでしょ。友達にはボーイフレンドがたくさんいるのよ。でも私を誘ってくれたのは彼だけなんだから。もう知らない。どうでもいい」
自分「ほかの子にボーイフレンドがたくさんいるのに自分だけそうじゃなかったら、辛いね。お父さんがウェンディならやっぱりそう思うよ」（言い換える）
ウェンディ「そう思うなら、どうして彼の前で恥をかかせるの？」
自分「なあ、最近今までと違う服を着て、新しい友達と出歩いていただろう。ウェンディはこう考えているのかな。自分を愛してくれる人なんかいない。男の子たちや親やいろんな人たちから、自分は大切にされていないんだって。どう？」（呼び水を注ぐ）
ウェンディ（長い間黙って座っている）「だって私はきれいじゃないから。どうしてなの？　一生懸命におしゃれをしても……」
ここから会話は核心へと進み、親子は自分たちのことや、お互いの考えについて理解を深め合うことができる。

▼ようやく聞き出した話への三つの対応

相手が安心して話せるよう、自分なりに最善を尽くしたとしよう。質問、ミラーリング、言い換え、そして呼び水によって、相手は心を開いて行動へのプロセスを話し始めた。こんどは私たちが話す番だ。もしも相手が指摘した事実には間違いがあり、ストーリーが完全に歪んでいて、賛成できないときには、どうしたらいいのだろうか？

▼Agree：賛成する

白熱した議論をしている家族やグループを観察すると、興味深い現象に気づくことがある。一見すると激しい議論だが、じつのところ合意の仕方が乱暴なだけなのだ。重要なポイントではすべて賛成したのに、まだ喧嘩を続けている。些細な違いが大きな議論に発展しているのだ。

たとえば昨夜、あなたのティーンエージャーの息子ジェームズが門限を破った。あなたと妻がそのことで、今朝からずっと言い争っているとする。前回ジェームズが遅く帰ってきたとき、あなたたちは息子の外出を制限しようと決めた。それなのに今朝妻は、息子が今週のフットボールの合宿に出かけてもかまわないと言った。あなたには、妻がこの間の決定を無視していると思えた。やがてそれはたんなる誤解だったと分かった。二人とも外出のルールを決めることには賛成しているが、開始日を決めていなかっただけだった。意見が対立しているわけではないのに、乱暴に言い争っていた。じつは合意していたのだと気づくには、いったん元に戻ってお互いの話をじっくりと聞かねばならなかった。

多くの口論には、参加者が合意できないでいる事実やストーリーが5～10％ほど含まれているものだ。この違いは最終的には乗り越えなくてはならない。しかし違いから話を始める必要はない。賛成できるところから始めよう。

やり方はこうだ。相手の行動へのプロセスに完全に賛成しているなら、賛成だと言ってから前に進む。賛成しているなら賛成すれば良い。賛成まで論争の種にする必要はないのである。

▼Build：展開する

合意が取れたと思っていた話が、議論に発展してしまうのはよくあることだ。これは双方が相手の言ったことの一部に合意できていないときに起きる。しかし相違点は大して重要でない箇所だ。心配する必要はない。いちいちどうでもいいようなことにとらわれないで話を進めればいい。

私たちは、小さなときから些細な間違いを見つけるように訓練されている。幼稚園では、正しい答えを知っていれば先生に可愛がってもらえることを学習させられた。他の子供たちも、正しければ可愛がってもらえる。だから誰もが自分が正しいことを先生に伝えたい。こうして私たちは、子供の頃から相手のわずかな間違いを探せるように鍛えられてきた。他人の間違いを指摘して自分の正しさを示すのが最高に良いと教育されてきたのである。

学校を卒業する頃になると、相手の間違いを指摘する腕前がおそろしく上達している。間違い探しの博士号を持っていると言えるくらいだ。誰かが（事実やストーリーに基づいた）意見を述べると、私たちは反対する箇所を探し出す。そして小さな違いが見つかると大騒ぎする。だから健全なダイアローグでなく、乱暴な方法で合意することになる。

しかしダイアローグに優れた人はこんな間違い探しのゲームをしない。小さな違いではなく、合意できるところを探し出す。だからしばしば「賛成だ」という言葉で話し始める。賛成できる部分から始めるのである。

相手の意見におおむね賛成だが、少しだけ賛成しかねる点があるとき、ダイアローグ・スキルを身につけた人は賛成してから話を展開してゆく。「まったく君の言うとおりだ。ちょっと気づいたことを付け加えるとすれば……」と言う。「君は間違っているよ。言い忘れていることが……」とは言わない。

賛成できる点を述べた後、不足している情報や、話の残りを付け加えていくのである。

▼Compare：比較する

最後に、もし相手の意見に反対なら、自分と相手の行動へのプロセスを比較しよう。相手が間違っていると言ってはいけない。自分の考えは相手と違うと言うのだ。もしかすると、本当に相手が間違っているかもしれない。しかしそれは、お互いのストーリーを理解してみるまで断定できない。今のところ、二人には違いがあることだけが分かっている。だから、「あなたは間違っている」と言う代わりに、自分の意見を仮説として率直に述べるところから始めよう。たとえば「私の見方は違うんだ。説明させてもらえるかな」と話すのである。

次に、あなたの行動へのプロセスを説明する。第7章のプロセスを告げるSTATEのスキルを使って、事実から順に仮説として話す。相手にはあなたの行動へのプロセスに対して、相手の視点から意見してもらう。自分のプロセスが相手と共有できたら、二人のプロセスを比較しよう。このときは、一緒に比較してくれるよう相手にお願いし、協力しながら相違点を見つけ出して理解し合うのだ。

これらのスキルがいつでも使えるように覚えておこう。「賛成」は、賛成のときは賛成すること。「展開」は、重要なポイントに賛成しているときに使う。「比較」は、意見が違うときに使う。けっして意見の相違を論争に発展させて禍根を残し、ギスギスした人間関係や悪い結果を招いてはならない。

▼まとめ――プロセスを引き出す

相手の沈黙や暴力をやめさせ、思いを自由に行き交わせるために、相手の行動へのプロセスを引き出す。好奇心を持つことから始め、辛抱強く進める。それによって相手を安心させることができる。その後、ＡＭＰＰを用いて、相手の行動へのプロセスをスタート地点まで逆さにたどる。

- **Ask：質問する** 相手の意見にシンプルに関心を示すことから始める。

・**Mirror：ミラーリングする**　敬意を示しながら、相手の様子から理解した感情を確認する。
・**Paraphrase：言い換える**　相手が行動へのプロセスの説明を始めたら、その内容を繰り返す。そのことによって自分が理解していることと、本当の思いを話しても大丈夫だということを伝えて、安心させる。
・**Prime：呼び水を注ぐ**　相手がまだ閉じこもっている場合には呼び水を注ぐ。相手の考えや気持ちを最大の努力で推測する。

思いが共有できてダイアローグを始めることができたら、次の点に注意する。

・**Agree：賛成する**　賛成しているときは賛成だと言う。
・**Build：展開する**　意見の異なる部分があれば、賛成できる部分に賛成してから、そうでない部分で話を展開する。
・**Compare：比較する**　意見が大きく違うときは、相手が間違っていると言うのでなく、両者の意見を比較する。

第9章
行動につなぐ——緊迫した会話を行動と結果に結びつける

どんな人にも、「しない」ことを選ぶ自由がある。

——サミュエル・ジョンソン

ここまで、共有の思いのプールに思いを注ぎ込むとダイアローグが深まることを示してきた。思いが自由に行き交うことで優れた意思決定が可能になり、それが順次、効果的な行動をもたらす。だからダイアローグに長けた人を観察しながら、彼らの考え方やスキルを学んできた。たとえ部分的にせよ本書の内容を実践すれば、あなたの共有の思いのプールはいつも一杯になっているだろう。きっとあなたの近くにいる人たちは、プールにあふれる水の音を耳にするに違いない。

この章では最後の二つのスキルを紹介しよう。と言うのも、たくさんの思いが共有されたとしても、関係者が合意しているとはかぎらない。チームや家族が多くのアイデアで共有の思いのプールを満たしても、行動につながらないこともあるだろう。それには二つの理由がある。

・意思決定の方法が不明確である。
・意思決定した内容を行動につなげていない。

大変なことに、共有の思いのプールに思いを注ぎ終えて、実行する段階へと進んだら、新たな難問が立ちはだかったというわけだ。そもそも行動すべき人は誰なのか、それ自体が論議を呼びそうだ。それに最終決定はどのようにすべきものなのだろうか。どんなときでも感情的にならずに決定することはできるだろうか。まず意思決定の方法について考えてみよう。

▼ダイアローグは意思決定ではない

緊迫した会話の最も危険な瞬間は、会話の最初と最後である。最初が危険なのは、相手を安心させる方法が見つからないと、ダイアローグで失敗してしまうからだ。最後が難しいのは、結論や決定事項が不明確だと、お互いの期待が裏切られてしまうからだ。期待が裏切られる状況は二種類考えられる。

第一に、関係者は意思決定がどのようにされるのか知らないかもしれない。たとえば、あるカップルが旅行の計画を立てている様子を見てみよう。ルネが「客船で行く三日間クルーズ」のパンフレットをポンと放り出し、海側特等室の予約金五百ドルを払い込んだと告げた。そのことでマリアはすねている。

二人は一週間前に休日の計画を立てた。お互いに相手への敬意を示しながら自分の希望や意見を率直に話した。話はなかなかまとまらなかったが、最後にクルーズなら二人の希望にぴったりだという結論に達した。それなのにマリアはすねているのだ。ルネはマリアが喜んでのってこないので唖然としている。

マリアはクルーズに賛成したことは賛成したけれど、具体的にどれかのクルーズに賛成したわけではなかった。ところが、ルネはクルーズならどれでも良いだろうと考え、自分で決めてしまったのだ。マリアは内心「彼が一人で勝手に楽しんでくればいいわ」と思っている。

意思決定に関する二つ目の問題は、決定がなされないことである。そのせいで、せっかくのアイデアも消えていってしまう。関係者は自分がすべきことを理解していないのかもしれない。あるいは誰かが決めるだろうと思って待ち続けているのかもしれない。全員が「共有の思いのプールは満たしたぞ。きっと誰かが何かしてくれるだろう」と思っているとしたら、意思決定はいつまでたってもされないままだ。

▼あらかじめ決定方法を決める

どちらの問題も、あらかじめ意思決定の方法さえ決めておけば解決できる。誤解してはならないのは、ダイアローグと意思決定は違うという点だ。そのことは話し合いの関係者にも徹底すべきである。たしかにダイアローグは、すべての関連情報を共有の思いのプールに注ぐプロセスだ。このプロセスには全員が関わるし、それぞれに自分の思いを注ぐようにと奨められる。しかし、だからといって全員がすべての意思決定に関わるわけではない。ダイアローグと意思決定を区別しておかないと、お互いの期待を裏切ることになる。だから、決定に関わる人やその人選の基準について、前もって明らかにしておかなければならない。

まず、指示系統がはっきりしている場合を考えよう。たとえば、マネージャーや親が意思決定をする。それはリーダーとしての責任の一部だからである。会社の役員は、新人社員に商品の価格や新企画を決めさせたりしない。親は小さな子供に、自宅の防犯装置を選ばせたり、門限を決めさせたりしない。もちろんリーダーや親が部下や子供に責任を持たせて、意思決定権を譲ることもある。だとしてもやはり、誰にどの方法で意思決定をさせるかを決めるのは、監督者の役割である。

では指示系統があいまいな場合はどうだろう。はっきりとした指示系統がないときは、意思決定の方法が決めにくい。前述の例で考えてみよう。娘の学校の先生の話だ。子供の進級を見送るべきなのかどうか。これは誰が決めるのだろうか。さらに、決める人を選ぶのは誰なのか。関係者全員に発言権があって多数決で決めるのだろうか。それとも学校には公的な責任があって、学校関係者が決めるのだろうか。あるいは両親に最終的な責任があるから、専門家に相談したうえで両親が決めるのだろうか。はたして、この問いに対する明快な答えはあるのだろうか。

このようなケースではダイアローグが必要になる。関係者全員の思いを共有の思いのプールに入れるのだ。最終決定すべき人は誰かという点も含めて、誰が、なぜ決めるのかを、率直に話し合う。そうしないと多くの意見が対立して論争になってしまう。

具体的な進め方としては、たとえば子供のことが懸案になっており、家族以外の人も関わっているとしよう。まず、子供にどの程度の能力があり、関心事は何かについて率直に話すことになるだろう。それから最終決定の方法についても意見を交換する。開口一番、教育委員会や弁護士などという言葉を口にしてはならない。そんなことをすれば安心感が失われて、いがみ合う雰囲気になってしまうだろう。

ゴールは子供のことについて、率直で健全な話し合いをすることだ。圧力をかけて相手を脅したり、教育関係者を困らせることではない。だから専門家の意見を、どんな点で参考にして、どのように決めるのか、それはなぜかについて話し合おう。指示系統がはっきりしていないときには、協力して意思決定の方法を決めなくてはならない。ダイアローグ・スキルを使って決めるのである。

▼四つの決定方法

意思決定の方法を決めるときに、選択肢が整理されていると話しやすい。意思決定の方法には命令、相談、多数決、コンセンサスの四つの種類がある。この順に関係者の関与の度合いが高まっていく。関与の度合いが高まると関係者からより強い決意が得られるが、効率は低下する。したがって賢明な人は、その時々の状況に応じて、これらの四つの中から最適な方法を選ぶのである。

▼命令

命令による決定では、決定者以外に関与する人はいない。これには二つの種類がある。外部の強制的な力によるもの（私たちは決定から逃れられない）と、決定を誰かに任せ、その人の決定に従うものだ。後者は、自分たちはあまり関心がないから、誰かが決めてくれればそれで良いと考えるような場合に用いられる。

外部の力による例としては、市場原理で価格が決まる、政府機関が安全基準を設ける、上部組織がなんらかの決まりを強制するなどがある。従業員は上司の決定をそのまま受け入れる。上司も、外部環境からの要求をそのまま受け入れて部下たちに伝える。命令による決定が下された場合に私たちがすべきことは、何をするかを決めることではなく、どのように進めるかを決めることである。

他の人に決定を委ねるのは、次のいずれかの場合であろう。一つは影響が小さい意思決定なので、自分たちが関与する必要はないと判断した場合。もう一つは、決定を委ねる人物の能力を完全に信頼している場合だ。むやみに多くの人の関与を求めても得るものはない。優れたチームや組織は、多くの決定を命令で決める。あえて自分の時間を割く必要がないものであれば、誰かの能力を信用して喜んでその人の意思に委ねるのだ

▼相談

相談は、意思決定者が決定の前に他者を招いて意見を聞く方法である。専門家を招くこともあれば、代表者の場合もある。意見のある人全員の場合もある。他の方法との比較の問題ではあるが、相談は意思決定のプロセスを泥沼にはめることなく、アイデアを発掘できる効率的な手段だ。聡明なリーダーや親は、頻繁にこの方法を用いる。彼らはアイデアを集め、

それぞれの意見を評価し、決定をして、それから決定内容を広く知らしめる。

▼多数決

多数決は、選択肢に優劣がつけがたく、効率が最優先のときに用いる方法だ。たくさんの素晴らしい意見が出ているが、話し合いで時間を浪費したくない状況に適している。しばらく議論をしたうえで投票することになるが、多くの選択肢があるときには大いに時間を節約してくれる。ただし決定内容は、自分の第一希望通りにならないかもしれない。皆がこの点を承知しておく必要がある。また、決定がいかなるものであっても全員の支持が得られるときにしか使ってはならない。そうでないならコンセンサスが必要だ。

▼コンセンサス

この方法はありがたい恵みにも、苛立たしい足かせにも変身する。コンセンサスでは、全員が一つの決定に心から賛成するまで話し合いを続ける。その結果、強い一体感と優れた意思決定を得ることが可能になる。しかし使い方を誤るとたんなる時間の浪費となる。コンセンサスの使用は、①大きな利害関係がある複雑なテーマと、②全員が最終決定を支持する必要があるテーマに限定すべきである。

どのように選択するか

四つの意思決定法が理解できたところで、よくある失敗やヒントを紹介しよう。これによって、どの方法をどのようなときに使うのか、手がかりが得られるはずだ。

四つの主要な質問

意思決定の四つの方法から最適の方法を選択するには、以下の質問について考えなくてはならない。

1　関心を持つのは誰か　その意思決定に真剣に関与する気持ちがあるのは誰だろうか。また、その決定によって影響を受けるのは誰だろうか。その人々は決定に関与すべき候補者だ。関心を持っていない人を関与させてはならない。

2　知っているのは誰か　望ましい意思決定をするために必要な知識を持っているのは誰だろうか。その人の参加を促そう。一方、価値ある情報を提供しない人は関与させないようにする。

3 誰の賛成が必要か 意思決定をするにあたって、権限を持っている人物の協力や影響力は必要だろうか。キーパーソンを蚊帳の外に置くと、あからさまに反対されることもある。必要ならば前もって関与してもらおう。

4 何名の参加が適切か 必要最低限の人数で、優れた意思決定を行い、必要な支持を取り付けることがゴールだ。ポイントは二つある。「良い選択を可能にする人たちが揃っているか？」「関与してもらって、決意を引き出しておきたい人は他にいないか？」

私たちも、自分のチームや家族の意思決定を振り返ってみよう。現状に不満があるならば、ぴったりの演習がある。まず、チームや誰か特定の人との間でなされる重要な意思決定の項目をリストアップする。そして、それぞれについて現在はどのように決定しているか話し合う。それが終わったら、本来は意思決定の四つの方法のうち、どれを用いるべきか話し合う。

意思決定についてこのようにダイアローグを練習すると、多くの不満を解決できるはずだ。

▼意思決定のよくある間違いと解決策

それでは、それぞれの意思決定の方法を順に見ていこう。頻繁に見られる間違った使い方やその対策について、考えながら進めることにする。

▼命令の適切な使い方

最初に間違った例を示そう。長い間多くの従業員が、上司があまりにも偉そうにすることに不満を言ってきた。上司たちの指示や命令の出し方ときたら、矢継ぎ早でまとまりがない。そのうえ、やり方にまでいちいち口を挟む。現場を熟知した従業員に任せたほうがいいときでさえ、重箱の隅をつつくような指示を出す。

子供たちもそうだが、現代の若い世代の考え方は祖父母の世代と大きく異なる。彼らは多くの意思決定に参加しようとする。エンパワーメントのうねりは、こうしたところから生まれた。若い人たちは自分たちを二本の手を持ったロボットだとは考えない。考えて行動するし、自分で決めようとする。もっと多くの責任を引き受けようとするのである。

だから命令型の意思決定を行うときには、以下のポイントを押さえておく必要がある。

・**逐一指示を与えてはならない**　社会にはルールがたくさんある。これ以上の命令は必要ない。一般論として、もし相手に意思決定する能力があるならば、任せるのが良い。理由もなく相手の手を縛りつけるのは避けるべきだ。相手が子供なら、ルールを工夫すれば良い。たとえば、家族全員が使う場所では親が決めた整理整頓のルールを守らせる。子供の部屋では（清潔を保てる範囲内でのみ）子供に任せる、などである。

・**命令を受ける立場になったら、自分に与えられた自由度を確認する**　行政機関や顧客の注文で基準が設けられたら、従わなくてはならない。しかしやり方は自分で決められる。自分に与えられた自由度を確認したら、他人にもその範囲内で自由を認めよう。

▼相談するときにすべきこと、すべきでないこと

相談による決定には、極めて陥りやすい罠がある。あなたが相談を持ちかけて意見を尋ねると、関わった人たちが、自分も意思決定ができると信じてしまうのだ。この誤解が生じる理由は簡単だ。意思決定者は多くの人の意見を比較検討して決めたつもりでも、意見を求め

られた人々の大多数は、自分の意見が採用されないので裏切られた気持ちになるのだ。

ダイアローグは相談するための素晴らしいツールだ。しかしダイアローグを始める前に、明確にしておくべきことがある。自分がしていることは相談であって、コンセンサスによる決定ではないという点だ。

相談は①多くの人が影響を受ける、②比較的簡単に情報を集められる、③多くの人が関心を持っている、④選択肢が多く、その中には論議を呼ぶものもある、というときに用いるべき方法である。

議題がこの条件に合うならば、多くの人の意見に触れる機会を設けよう。立場や地理的な場所や役割などが異なる人たちの意見を求めるように注意して、友人や仲間うちだけに声をかけてはならない。また、以下の事柄にも注意しなくてはならない。

・**相談するふりをしてはならない** もしあなたがすでに意志を固めてしまったのなら、相談するふりをしてはならない。たとえば上司が何人かに声をかけ、自分と対立する意見をつぶしたり、自分に近い意見が出ると「正しい意見」であるとほのめかし、その人を褒めたりするやり方は不適切である。

・**何をしているのか知らせておく** 代表者を選んで相談するときには、誰が代表なのか全員に知らせておく。そうすれば意見がある人は代表に話せる。これは町内会での意思決定に似ている。全員が集会に参加するわけではないが、意見がある人は参加できるのだ。

・**決定内容を報告する**（採用したかしないかに拘らず）意見を出してくれた人には、どのような決定が、なぜなされたのか知る権利がある。たとえ気を悪くされることが心配でも、報告しなくてはならない。決定の内容は、やがてその人たちの耳にも届く。思いがけない人から決定を知らされるより、あなたから知らされるほうがはるかに良いのだ。

▼良い多数決を行う

・**結果を比較検討する**　多数決をするには注意が必要だ。多数決はその性質上、勝者と敗者を作り出す。しかも敗者となった場合も結果を受け入れなくてはならない。受け入れられないのなら多数決を使ってはならない。そうしないと意思決定が終わった後まで、いさかいが続くかもしれない。相手が子供なら、多数決をする前に自分が負けてもいいのかどうか考えさせよう。

・**多数決すべきときをわきまえる**　多数決が適切なのは、決定事項があまり重要でなく、良い選択肢がたくさんあり、意思決定に時間を浪費したくないときだ。選択の幅が広すぎるときにも使える。たとえば、二十個ある選択肢を多数決で五個に減らして、選択肢を絞り込んでからコンセンサスを用いるのである。

・手軽だという理由で多数決にしない 誰もが関心を持っている意思決定では、時間がかかることがある。そんなときに突然話し合いを中止して、多数決を呼びかけてはならない。慎重な分析や健全なダイアローグを、多数決で片付けるべきではないのだ。「オッケー。これではまったくまとまらないから多数決にしよう」こんな呼びかけをしているとしたら、あなたは的はずれのことをしていると言える。

▼コンセンサスの過程を楽しむ

仮にあなたが六人の同僚と狭いスペースの室内で働いているとしよう。すべては順調だったが、ある日同僚の一人が巨大なオーディオを持ち込んできた。てっぺんの取っ手がなければ、まるで底にキャスターが付いたドラム缶だ。やがて「デシベルの魔王」というバンドの曲が始まった。割れるような大音響に、あなたは頭が割れそうだ。こんなときはどうすれば良いのだろう？

また、ルームメートと一緒に暮らしている部屋の温度を決める場合、あなたならどうするだろうか。

あるいは、休日に行く家族旅行の行き先をどこにするかという決定はどうだろうか。それとも、もっと面倒なのはどうだろう。家庭や職場で、皆が嫌がる仕事を担当する人を決めるときにはどうするか。

こうした決定には相談も命令も不適切だ。決定によって全員が影響を受けるし、全員が強い関心を持っている。また、複数の選択肢があって、人によって好みが違う。このような緊迫した会話では、コンセンサスが必要になる。全員が出席して、どの案を選択するのか誠実かつオープンに議論する。十分に意見を交換してから、全員が同意して支持する決定を行わなくてはならない。緊迫した会話はどれもそうだが、このプロセスは決して簡単でなく、失敗してしまうことも多い。よくある失敗を避けられるよう、ヒントを紹介しておこう。

・むやみにコンセンサスを用いない　かってアブラハム・マズローが言ったように「手持ちの道具が金づちだけだと、人はすべての問題が釘であるかのように錯覚する」ものだ。コンセンサスはさながら現代における金づちだ。いろいろな意思決定の場面で濫用されている。コンセンサスで進めるのが不向きな場合でも、時間をかけてコンセンサスが行われる。それだけではない、全員一致による決定がもともと不可能な議題にも使われるのだ。

たとえば、職場の四十人が集まって、オフィスの壁を塗り替える色を決めるというのはどうだろう。四十人はいくらなんでも多過ぎるだろう。この場合は相談がふさわしい。では、チーム・メンバーが使うコーヒーカップを相談で決めるというのはどうだろうか（余談ながらこれは実話だ）。これは各自で決めれば良いことだ。それならば、親が子供を罰するときの内容を、子供自身に決めさせるのはどうだろうか。これについてはやめたほうがいいときもあるだろう。決定の中には命令が必要なものもあるからだ。

・**全員の第一希望がかなうような振りをしてはならない** コンセンサスは、全員の希望を通す方法ではないし、むろん、自分の主張を通す方法でもない。家族やチームにとって最善の選択をするためのものだから、どうしてもギブ・アンド・テイクが必要になる。だから（場合によっては）妥協する準備ができていなくてはならない。また、第二希望や第三希望であっても支持する決意が求められる。なぜならそれがグループにとっての最善だからである。

・**犠牲者にならない** 健全なチームや家族は上手にダイアローグができるので、コンセンサス作りもうまい。彼らは、自分の意見を押し通すための駆け引きなどしない。全員が話したいことを上手に話すので、いつも同じ人が犠牲になって自分の主張をあきらめるということもない。

- **交代制にしない**　意思決定は、有益な選択肢はどれかという視点ですべきである。誰が言ったのかという視点で選択してはならない。「レオナは前回あきらめてくれたから、今回は私たちが譲る番だわ」という具合に、交代で意見を採択するのは不適切だ。とはいえ、関係者の性格や思い入れの強さを考慮しないということではない（自分には関心がない案件ならば、強い関心を持っている人に合わせることもあるだろう）。要は家族や組織の将来を、くじ引きや順番などの成り行きに任せてはならないということである。
- **意思決定後のロビーイング禁止**　コンセンサスによる決定は全員が揃っている場で、オープンにすべきものである。何か思うところがあったとしても、話し合いが終わった後で内々に話すのは非効率かつ、不誠実な行為だ。意見があるならグループ全員がいる場で話すべきだ。背後で徒党を組んだり、汚い手口や密談などの行為はテレビドラマに任せておけばよい。お互いをなじったり、打ち負かしたりしても、スイッチを切ればそれで終われる。しかし家族や職場のチームは、これからも長い時間を共に過ごしてゆく。汚い行動は長期的な災いの元である。
- **「だからそう言ったのに」の禁止**　全員で決定したことがうまくいかないときもある。そんなときに、以前は賛成していた人が（おそらく第二希望か第三希望だったのだろうが）「だからそう言ったのに」と態度を一転することはないだろうか。周囲にとっては、これほどうんざりするものはない。グループとして決定をしたら、失敗したときにこそ決定を支持しなくてはならない。家族やチームにとって、晴天の日ばかりではない。悪天候のときほど誠意を示さなければならない。決定したことが失敗に終わったら、ともに責任を取ろう。

▼時間にゆとりがない場合のアドバイス

決定に他者を含めたほうが良いと分かっていても、時間のゆとりがない場合がある。このような場合には、条件付きで意思決定の方法を採用しよう。たとえば次のように告げるのである。「私たち全員に関係がある重要な決定を十時ちょうどまでにしなくてはなりません。コンセンサスで決定することにしたいと思いますが、もしも九時四十五分になってもコンセンサスが得られない場合は相談に切り替えます。皆さんの意見を考慮して、私が決定します」こうすれば最適な意思決定の方法が選択可能になる。また、急ぐあまり暴君のように振る舞うこともなくなるだろう。

▼任務を分担する —— 意思決定を行動に移す

さて、最後のステップに進むことにしよう。ここまでの健全なダイアローグの結果、共有の思いのプールには思いが満たされ、いくつかの意思決定が行われた。そして、ついに行動するときがきた。議題の中には、話し合いの段階で解決したものもあるだろう。しかしそれ以外の多くは、これから実際に行動すべきもののはずである。そのためにはグループのメンバーが任務を分担しなくてはならない。

お察しの通り、複数の人が関与すると意思疎通が混乱しやすくなる。どうしたらよくある落とし穴をうまく避けられるだろうか。そのためには以下について考えなくてはならない。

▼誰が

確実に任務を分担しておかないと、結果が出ないかもしれない。「みんなの仕事は誰のでもない仕事」という英語のことわざのとおりだ。そうなると意思決定に費やしたエネルギーも無駄骨になる。任務分担で重要なのは、「私たち」を担当にすると、誰も任務を遂行しなくなることである。「私たち」とは「私以外の誰か」であると相場が決まっているのだ。一人ひとりが故意に任務を回避するわけではない。しかし「私たち」という言葉のせいで、誰かがやっているのだろう、と全員が思い込む。

だからそれぞれの任務に個人の名前を振り当てることがポイントだ。家庭の家事分担ではとくにそうではないだろうか。また同じ任務を複数の人が担当するならば、その中の一人を責任者にしておく、そうしないと責任感が希薄になって、後日、責任転嫁の大騒ぎをすることになりかねない。

▼何を

期待する結果は何か、はっきりとした言葉で伝えよう。期待が曖昧ならば、失望する可能性が高い。たとえば、風変わりな事業家のハワード・ヒューズが世界で最初の蒸気自動車を作ろうとしたときのことだ。彼は仕事を任せたエンジニアたちに夢を語ったが、どのような自動車にしたいのか具体的なイメージはまったく与えなかった。エンジニアたちの何年もの苦心の末、やっと最初の試作品が出来上がった。ところがその車体には、水を通すパイプが何十本も通っていた。大量の水を蓄える場所に悩んだ末の設計だった。つまりこの自動車は、巨大なラジエーターのような構造だったのだ。

もし衝突事故が起きたらどうなるのかとヒューズが質問すると、エンジニアたちはおどおどしながらこう答えた。「ドライバーは生きたまま茹でられることになります」。それではまるでロブスターだ。腹を立てたヒューズは試作品を三インチ四方のスクラップにして処分するように命じた。それがこのチームの最後のプロジェクトとなった。

私たちがヒューズから学ぶべきことは、最初に自分の期待を細かなところまで明確にしておくことだ。「出来上がりイメージ」を深く考えなかった夫婦が、喧嘩をすることがある。妻や夫と部屋の模様替えをしたことがある人なら心当たりがあるだろう。もともと明確な説明などなかったのに、望み通りにならなかったと一人が怒り出してしまう。多くのエネルギーや資金を費やしたのに、最後になって嫌な思いをすることがないよう、最初に時間をかけて、欲しいものを明確にしておこう。

出来上がりのイメージを明確にするには、コントラスト化を使うと良い。今まであなたの近くに、自分の任務を誤解したばっかりに仕事に失敗した人はいなかっただろうか。もしいれば、出来上がりのイメージを明確にしなかった例として反面教師にすると良いだろう。必要なのは、可能なかぎり具体的な事例を示すことだ。抽象的な説明ではなく試作品やサンプルを見せるのだ。筆者たちはある有名な舞台デザイナーと仕事をして、このやり方を学んだ。打ち合わせの段階では素晴らしいアイデアだと思えたのに、二万五千ドルを費やした完成品はまったく役に立たなかった。結局、初めから作り直すしかなく、そのとき以来、私たちは必ずスケッチを見せながら話すようになった。出来上がりのイメージがはっきりしているほど、後でがっかりすることは少ないものである。

▼どのようにフォローアップするか

任務が分担できたら、どのくらいの頻度で、どのような方法によるフォローアップをするのか話し合っておこう。フォローアップは、プロジェクトの終了を知らせる簡単な電子メールでもかまわない。チームや家族に対して詳細な報告をすべき場合もあるだろうが、時間が経過するとともに、進捗の確認だけで十分だということになるはずだ。

任務の中にフォローアップの方法も盛り込んでおけば簡単だ。たとえばこうだ。「宿題が終わったら私の携帯に電話するんだよ。終わったら友達と遊んでいいからね。分かったかい？」

あるいは区切りをつけて確認し合う方法もあるだろう。「図書館で調べるのが終わったら知らせてください。そうしたら一緒に話し合って、次にどうするか決めましょう」。もちろん、期限の設定は必要だ。「このプロジェクトに関する調査が終わったら知らせてください。期限は十一月の最後の週です。もし、早めに終了したら電話をください」

相手にアカウンタビリティ（行動と結果に対する責任）を感じてほしいなら、相手が説明する機会を与えなければならない。そのためにもそれぞれの任務について、フォローアップの方法に関する合意事項を盛り込むのである。

▼結果を文書化する

再びことわざを引用しよう。「一本の丸まった鉛筆は六人の天才の頭脳に勝るとも劣らない」。緊迫した会話をすませたら、内容を記録に残そう。自分の記憶を過信するのは禁物だ。せっかく作り上げた共有の思いが散り散りになってしまう可能性がある。記録するのは、結論、決定、任務分担などの詳細である。また、誰が、何を、いつまでにするのか、どのようにフォローアップするのかもまとめておこう。折にふれて記録した文書を振り返り、任務分担を見直すのである。次回のミーティングなど都合の良いときを選ぶと良いだろう。

任務完了を確認するときには、担当者に説明を求めることが重要だ。アカウンタビリティを果たさない人がいたら、ダイアローグが必要だろう。第7章で紹介したプロセスを告げるSTATEのスキルを使って問題について話し合おう。説明を求めることで、相手が約束を守ろうとする動機と行動力が強まる。それとともに、約束を誠実に実行する組織文化を築くことになる。

▼まとめ――行動につなぐ

緊迫した会話を適切に進めて最高の意思決定ができたなら、行動につなごう。それには二つの落とし穴を避けることが大切である。一つは関係者の期待が裏切られることであり、もう一つは誰も行動しないという状況である。

▼決定方法を決める

命令 意思決定は他者を含めずに行われる。

相談 グループから意見を集め、一人またはその中の何名かが決定する。

多数決 最も賛成者の数が多いものに決定する。

コンセンサス 全員が賛成し、最終決定を支持する。

▼明確な終わり方をする

誰が、何を、いつまでにするかを決定する。そして出来上がりのイメージを誤解のない明確なものにする。フォローアップのタイミングを決定する。約束事項やフォローアップの仕方を記録に残す。約束事項について全員にアカウンタビリティを求める。

第10章
全てをまとめる——準備と学習のツール

コミュニケーションは磨けば磨くほど上達する。

——ジョン・パウエル

もしあなたがここまで一気に読み進めてきたとしたら、おそらくイノシシを丸ごと飲み込んだヘビの気分と一緒だろう。一度に消化するのは大変な量のはずだ。これほど多くの内容が正確に実行できるだろうかと危ぶんでいるとしても不思議ではない。とりわけ緊迫した会話は展開が速くて先が読めないのだから、不安になるのももっともなことだ。

この章では、これまでに登場したたくさんのダイアローグ・スキルを、覚えやすく使いやすいように整理してみたい。まずは、本書のスキルを実行して、実際に大きな成果を出せたと証言してくれた方々のコメントに基づいて、本書の内容をシンプルにまとめる。その次に、見てすぐ分かるように、ダイアローグの七つの原則をモデル図にする。最後に緊迫した会話の例を取り上げて、さまざまなダイアローグの原則が応用されている様子を解説することにしよう。

▼ 二つのてこ

これまで何年にもわたり、たくさんの人たちから、この本に書かれている原則やスキルが大変役に立ったと言っていただいている。いったい本書の内容が、どう役立ち、いかにして大きな変化をもたらしたのだろうか。

職場や家庭で多くの人たちにインタビューした結果分かったことがある。それは、行動に移した初期の段階では、二つの主要な原則を実践するだけで、てこの原理に似た大きな成果が得られるということだ。この考え方に基づいて成功を収め、結果や人間関係を改善できた人たちの体験を紹介しよう。そうすればきっとあなたも自信を持って改善に取り組めるはずだ。

▼状況を見る

改善と向上をもたらす一つ目のてこは、状況を見ることである。ダイアローグ・スキルを絶えず上達させていく人たちは、自分がダイアローグをしているかどうかいつも考えている。これだけでも大きな違いがあるのだ。沈黙や暴力を使っていないだろうか、と自問するだけで良い。ダイアローグから外れているのは良くないことだと知っていれば、ダイアローグに戻るために努力できる。プロセスを告げるスキルや、共通の目的に到達するためのスキルを暗記していなくても心配はいらない。学んだ通りに実践できなくても、何とかしようと努力することが結果につながるのである。

重要なのは意識して「私は駆け引きをしているだけなのか、それともダイアローグをしているのか？」と、自分に問いかけることだ。これは素晴らしい第一歩となるはずだ。

友人を相手にして、状況を見ることを学ぶ人もいれば、家族や職場のチーム全員でコンセプトや考え方を学び、ダイアローグに関する共通の言葉として役立てる人々もいる。緊迫した会話に直面したときに共通の言葉があると、お互いの向上に大いに助けになる。

ダイアローグに関する用語で最も日常的に使われるのは、「ダイアローグができていない」という言葉ではないだろうか。この簡単な警句が、ダイアローグから脱線したばかりの早い段階でお互いに気づきをもたらしてくれる。経営会議やチーム・ミーティング、家族のやり取りを観察していると、誰かが沈黙や暴力を使い始めると、別の人が気づいて軌道修正しているのがわかる。

▼安心させる

二つ目のてこは安心させることだ。本書の中で、ダイアローグとは思いが自由に行き交うことだと述べた。流れを停滞させる最大の原因が安心の欠如である。自分や周囲の人が沈黙や暴力を使い始めたら、安心させよう。本書で紹介した安心させるためのスキルは数多くの中の数例でしかないし、必ずその通りにする必要はない。驚かれるかもしれないが、安心させるためにできることはじつにたくさんある。問題が安心の揺らぎだと分かれば、十中八九、直感的に何かができるに違いない。

時には質問して相手の意見に関心を示すだけで、安心させられる。相手の体に触れるのも

（職場ではセクハラになるので、家族と一緒のときだけにしておこう！）安心感を生み出す効果がある。謝る、微笑む、「ちょっと休憩にしていいですか？」と尋ねることなど、できることはたくさんある。大切なのは相手の居心地を良くするために何かすることである。コントラスト化からＣＲＩＢに至るまで、本書で紹介したスキルのほとんどが安心に関係していることに気づかれただろうか。

これら二つのてこは、ダイアローグを意識・開始・継続していくうえでの基本となる。ダイアローグとは何か分かれば、誰でもすぐに実践できるだろう。

▼ダイアローグのモデル

では、実際の会話の場面ですぐに思い出せるように、本書の考え方を整理してみたい。まず、図10－1を見てほしい。この図にはいくつかの同心円が組み合わされている。図の中心は、ダイアローグの目的である共有の思いのプールだ。自由に行き交う思いがこのプールに流れ込むと、ダイアローグに参加した人全員の知恵が蓄積される。

共有の思いのプールを囲んでいるのは安心である。安心があれば思いを共有できるし、沈

図10-1　ダイアローグ・モデル

黙や暴力に移行することもない。会話が緊迫した場合、安心が何よりも強い味方になる。

安心の外側には安心を維持するうえで警戒すべき、沈黙と暴力の六つの行動が並んでいる。これらは相手の行動の中にも、自分のストレス時のスタイルの中にも現れてくる。この六つ、あるいはこれらに似た行動が顔を覗かせたら要注意だ。安心が揺らぎ始めたのである。安心の揺らぎは、ダイアローグがうまくいかなくなっている警告だ。安心を取り戻してから、会話の本題に戻ろう。論点を譲歩したり、自分の主張を弱めるのではない。相手を安心させるだけである。素早く安心を取り戻すことだ。沈黙や暴力を使えば使うほどダイアローグから遠く離れてしまう。すると安心に戻るのが困難になり、代償も大きくなる。

ではモデル図に人を書き入れよう（図10－2）。

自分と相手　「自分」と書かれた矢印は自分自身だ。その他の人々はすべて「相手」の矢印で示される。矢印は共有の思いのプールの中心を向いており、自分と相手とのダイアローグを表す。この状態のときには、すべての思いが自由に行き交ってプールに流れ込む。状況を見るとは、二つの矢印が斜め上や斜め下を向いていないかどうかを見るという意味だ。つまり矢印が沈黙や暴力を指していないかということなのである。もし誰かの矢印が沈黙か暴力

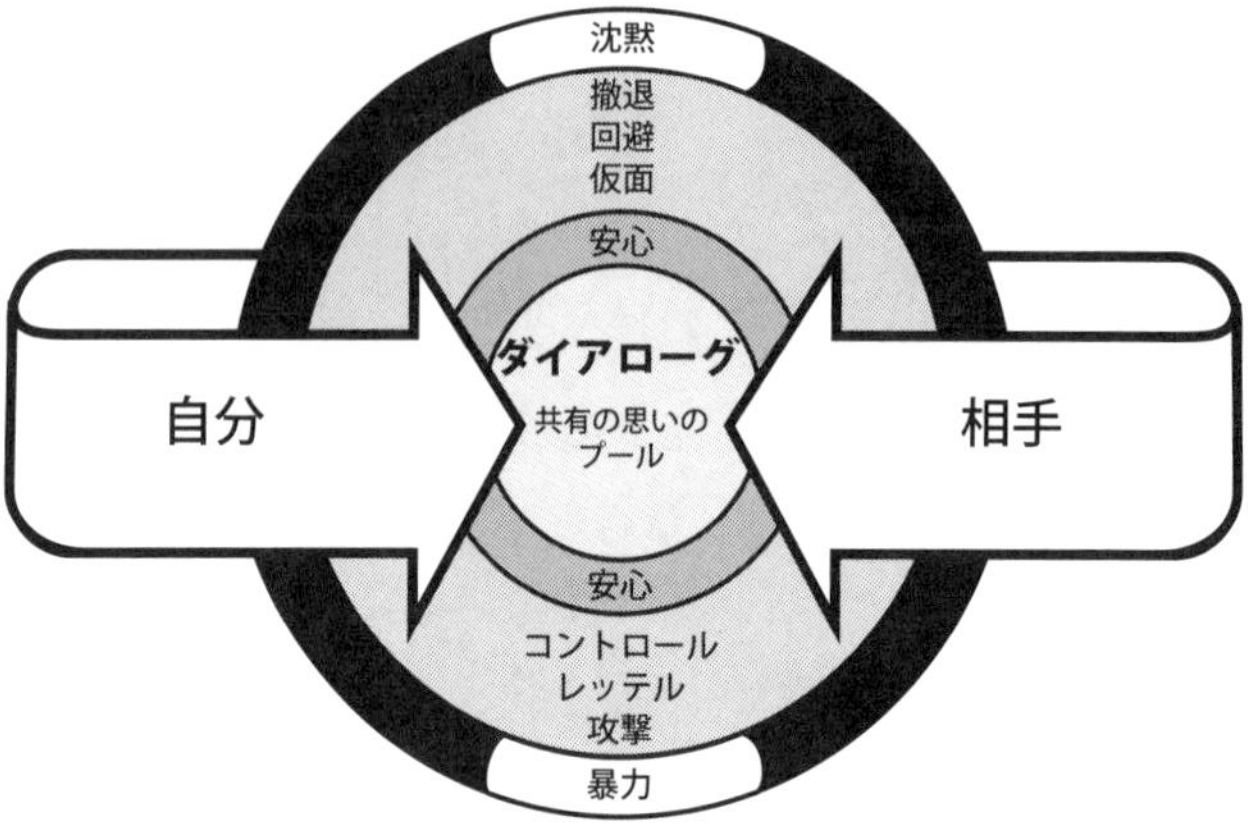

図10-2　ダイアローグ・モデル

を指したならば、自分か相手のどちらかが駆け引きを始めたということである。

条件を整え、維持する　自分が沈黙や暴力に流されていたら、自分から始める。本当に欲しいものと、それを得るための行動に集中するのだ。その際、愚かな選択をしないように注意する。沈黙や暴力以外の選択肢はないのだと錯覚してはいけない。

強い感情が会話を支配しているときは、自分の行動へのプロセスを逆さにたどって事実に立ち戻り、新しいストーリーを創る。こじつけのストーリーにも注意しよう。これによって自分の矢印がプールの中心に向かう。相手が沈黙や暴力を使っているときは安心させる。安心が増すと相手が沈黙や暴力をやめて、

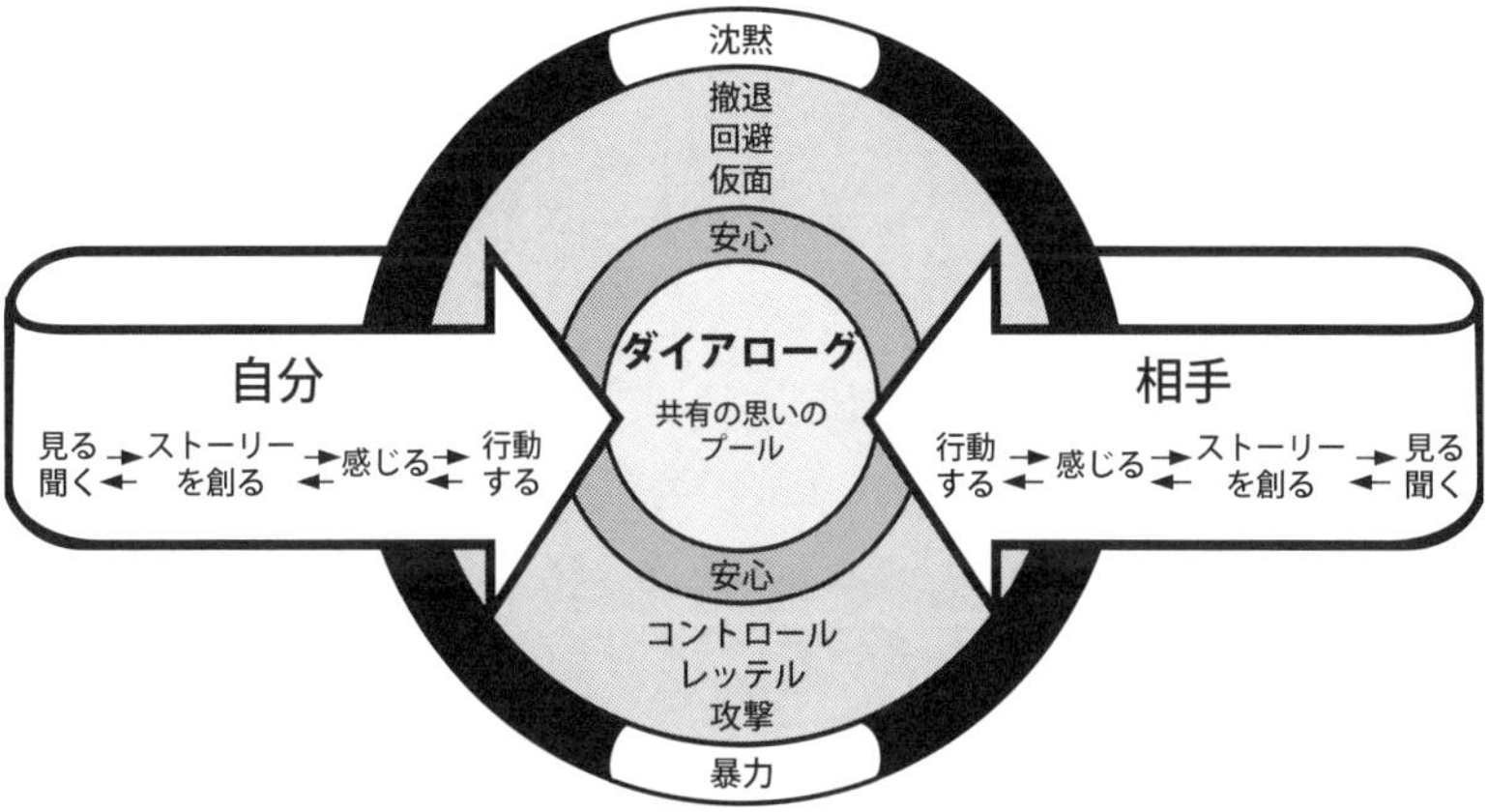

図10-3　ダイアローグ・モデル

ダイアローグに戻る可能性が高まる。

何をするか　この後に続く三つの原則は、思いをどのように話し、聞き、どう行動に移せば良いか教えてくれる。最初に学んだのは自分の思いを告げる方法だ。微妙で論議を起こしがちな内容の思いは、行動へのプロセスに沿って伝える。まず事実を共有し、次にストーリーを仮説として述べる。そして相手も話をするように奨めて、自分が真剣にダイアローグを望んでいることを示すのだ。相手の行動へのプロセスが自分のものと異なるときには、とくに強く相手の意見をもとめなければならない（図10－3）。

相手から思いを聞き出すとは、相手の行動へのプロセスを引き出すということである。

質問、ミラーリング、言い換え、そして呼び水（プロセスを引き出すＡＭＰＰスキル）を用いて、相手の感情やストーリー、見聞きした事実を聞くのだ。これらのスキルを効果的に使うと、率直に話しても大丈夫であること、自分はダイアローグをするつもりであることを相手に伝えることができる。相手が安心し、沈黙や暴力は不要だと判断すれば、自ら進んでダイアローグに参加するようになる。

最終的に共有の思いのプールが一杯になったら、プールに溜めた思いを、欲しいものが得られるような行動につなぐ。そのために、どんな方法で、どのような意思決定をするのか明確にしておく。さらにフォローアップすることで、ダイアローグから確実に成果が出るようにする。ダイアローグ・モデルは、現状分析にも使える。「今自分はどこにいるのか」「相手はどこにいるのか」「私たちはダイアローグをしているのか、それとも暴力や沈黙を使っているのか」とモデル図を見て自問してみよう。さらに「私はどこにいたいのか」「相手にはどこにいてほしいのか」と考える。モデル図と、本章で整理した原則をガイドにすれば、ダイアローグする方法と手段が見つかるはずだ。

▼緊迫した会話の準備をする

原則やスキルが整理できたところで、ダイアローグ・スキルをマスターするツールを紹介しよう。このツールは、緊迫した会話に備えて準備するときにも、過去の会話を振り返って反省するときにも参考となるはずだ。

次の表は、「緊迫した会話のためのコーチング」と名付けられている。表の上段にはダイアローグの七つの原則がまとめられている。中段にはそれぞれの原則に関連するスキルが、下段にはスキルを応用するための問いかけがまとめられている。自分の行動を振り返ったり、仲間へのコーチングに役立つ。

緊迫した会話のためのコーチング

原則	スキル	重要な問いかけ
①自分から始める （第３章）	本当に欲しいものに集中する 愚かな選択を避ける	自分の行動は何を欲しがっているように見えるだろうか？ 本当に欲しいのは何だろうか？ ・自分のために ・相手のために ・お互いの関係のために 欲しいものを手に入れるには、どのような行動すれば良いのか？ 欲しくないものは何だろうか？ どのようにして、本当に欲しいものを手に入れ、欲しくないものを避ければ良いだろうか？
②状況を見る （第４章）	緊迫する瞬間を見る 安心の揺らぎを見る 自分のストレス時のスタイルが現れていないか見る	自分は沈黙や暴力を使っていないだろうか？ 相手はどうだろうか？
③安心させる （第５章）	必要なら謝る コントラスト化で誤解を訂正する CRIBで共通の目的を見つけ出す	なぜ安心が揺らいでいるのだろうか？ ・共通の目的はあるだろうか？ ・相互の敬意はあるだろうか？ 安心させるために何をするか？

④ストーリーを創る（第6章）	自分のプロセスを逆さにたどる ストーリーから事実を分ける 三つのこじつけのストーリーに注意する 新しいストーリーを創る	自分のストーリーは何だろうか？ この問題における自分の責任に気づかない振りをしていないだろうか？ 分別のある常識的な人がこんなことをするのはなぜだろうか？ 欲しい結果を得るために今自分がすべきことは何だろうか？
⑤プロセスを告げる（第7章）	事実を共有する 自分のストーリーを話す 相手のプロセスを尋ねる 仮説として話す チャレンジを奨める	自分は相手の意見に対してオープンだろうか？ 自分は問題の核心をついているだろうか？ 自分は自信を持って意見を述べているだろうか？
⑥プロセスを引き出す（第8章）	質問する ミラーリングする 言い換える 呼び水を注ぐ 賛成する 展開する 比較する	自分は積極的に相手の意見を求めているだろうか？ 自分は取るに足らないことに反対しないようにしているだろうか？
⑦行動につなぐ（第9章）	意思決定の方法を決める 決定内容とフォローアップを文書化する	どのように意思決定を行うのか？ 誰が、何を、いつまでにするのか？ どのようにフォローアップするのか？

▼現実の場面で応用するには

これらの原則は、現実に緊迫した会話の中でどのように生かされるのだろうか。次の事例を使いながら解説してみよう。この話では、あなたと妹が母親の遺産を分割するという状況が設定されている。使われている原則に注意しながら、読み進めてみよう。会話の中で、ダイアローグの原則が応用されている場面では解説が加えられている。

話は、あなたが家族の別荘の話題を持ち出したところからスタートする。母親の葬儀は一カ月前に終わり、そろそろ遺産と形見を分ける時が来た。お互いにあまり気乗りのしない話題である。

この話が微妙なのは、過去数年にわたって一人で母の面倒を見てきたあなたが、そのことに対して報われたいと感じているからだ。だが、妹の考え方があなたと同じだとは思えない。

▼あなたの緊迫した会話

あなた「別荘は売らなくてはならないわ。使わないものだし、現金が要るのよ。四年間お母さんの面倒を見てきたんだから、出費の埋め合わせもしなければね」

妹「いきなり私を責めるのはやめてよ。お母さんの世話に必要なお金は毎月送ったはずよ。もし出張がこれほど多くなければ、私こそお母さんを引き取りたかったんだから」

あなたはこの時点で、すでに感情が昂ってきていることに気づく。あなたは身構えているし、妹は怒っている。この緊迫した会話は順調ではない。

▼自分から始める

本当に欲しいものは何か問いかけよう。妹が行わなかった介護と経済的な負担について、正当に報われることがあなたの望みだ。さらに妹とは、これからも良い関係でいたいと思っている。愚かな選択を避けるために、あなたは自分に問いかける。「妹へは、介護の負担と出費に対して、それなりの埋め合わせをしてもらいたいことを伝えたいのよ。もちろん妹とはずっと良い関係でいたいわ。こんなとき妹にどのように話せばいいかしら？」

▼状況を見る

あなたは二人の間に共通の目的が欠如していることに気づいた。二人とも自分は悪くないと相手に反発しているだけで、遺産の話にまったく触れていなかった。

▼安心させる

コントラスト化で妹にあなたの目的を知らせる。

あなた「喧嘩をしようとしているのではないし、あなたを責めているのでもないのよ。でも何年もの間、お母さんの世話のほとんどを私がやってきたわ。そのことに対して埋め合わせをしてもらいたいということを伝えたいの。お母さんを愛していたわ。でも、経済的、精神的にとても大変だったのよ」

妹「どうしてお姉さんの負担の方が、私がしたことよりずっと大きいと思うの？」

▼ストーリーを創る

自分は報いられるべきだとあなたが感じる理由は、自分のほうがはるかに多く世話をしてきたし、治療のために予定外の出費を負担したためだ。自分の行動へのプロセスを逆さにたどろう。どんなストーリーのせいであなたは、自分の負担のほうが大きくて大変だと感じたのだろうか。そのストーリーはどのような事実から創られたのだろうか。

▼プロセスを告げる

あなたは自分の事実と結論を妹と共有しなくてはならない。しかも、妹が安心できるような話し方で進める必要がある。

あなた「お母さんの世話にたくさんのお金を使ったし、介護の人を雇う代わりに私が世話をしたからなの。もちろん、あなたもお母さんの面倒をよく見てくれたわ。でも、私は日々の世話をたくさんしてきたというのが正直な気持ちなの。だからお母さんの遺産を使って私の出費を埋め合わせるのがいちばんいいと思うのよ。あなたはどう思う？　あなたの意見も聞かせてちょうだい」

妹「分かったわ。請求書を見せてもらえる？」

妹の話しぶりから、妹は本心から納得したのではないように思われる。声が緊張しているし、あきらめたような口調だ。心から賛成したとは思えない。

▼プロセスを引き出す

あなたの目的の一つは、妹と今後も良好な関係を保つことだ。それには、妹の思いも共有の思いのプールに注いでもらう必要がある。プロセスを引き出すＡＭＰＰを用いて彼女の意見を聞き出してみる。

あなた「あなたは分かったと言ってくれたけど、その言い方は、私の説明に納得していないように聞こえるわ（ミラーリング）。間違っているかしら」（質問）

妹「そんなことないわ。お姉さんは、私よりもたくさん相続する権利があるって感じているんでしょう。お姉さんの言うことは正しいわよ、きっと」

あなた「私の意見は不公平だと思う？　あなたが協力してくれたことをちゃんと分かっていないと思っていない？」（呼び水）

妹「それは、たしかに私はこの二、三年、留守がちだったわ。出張が多かったんだもの。でも、できるだけお母さんを訪ねるようにしてきたし、費用の足しにと毎月お金も送ったわ。介護の人が必要なら、私も費用を受け持つと言ったはずよ。お姉さんの負担だけが大きいなんて思っていなかったし、お姉さんがどう感じていたかも知らなかった。それなのに、突然お金が欲しいと言い出すなんて」

あなた「あなたもできるだけの援助をしてきたのに、私が埋め合わせをしてほしいと言ったので驚いたってこと？」（言い換え）

妹「ええ、そうよ」

▼プロセスを引き出す

あなたは妹の行動へのプロセスを理解したが、賛成できない点が残っている。第8章の最後に紹介したスキルを使って、自分の意見が妹とどのように違うのか話す。妹の見方には部分的に賛成できるので、まずそのポイントを話す。その後、意見が違うポイントを持ち出す。

あなた「その通りだわ。あなたはとてもよく助けてくれたわよ。それにあれほど頻繁に来てくれるのは、経済的にもたいへんだったと思う。介護の人のことは、あえて雇わないほうを選んだの。お母さんは私が世話をするのを望んでいたし、私もそれでかまわなかったの。それとね、あなたは知らなかったみたいだけど、予定外の出費があったの。最後の一八カ月の薬はそれまでのより二倍も高かったし、保険だけでは入院費用を全額まかなうことができなかったのよ。それで出費がかさんだの」

妹「お姉さんが言っているのはその出費のことなの？　それなら出費の明細を一緒に見て、それからどうやって埋め合わせるか一緒に決めない？」

▼行動につなぐ

あなたはこの話し合いに基づいて、二人が納得できる具体的な計画を立てたいと思っている。計画について合意を得たら、誰が、何を、いつまでにするのか記録に残し、フォローアップの方法も決めるのだ。

あなた「二人が約束した金額を超えた出費分は記録してあるわ。明日一緒にその記録を見て、どのように私の持ち出し分を埋め合わせるか話し合いましょう」

妹「いいわよ。話し合って、遺産の分け方の計画をメモしましょう」

▼まとめ —— 現実の場面で応用する

状況をよく見て、会話が緊迫して安心が揺らぐ瞬間に気づけば、あるいは、相手を安心させる必要があると分かれば、その場に最もふさわしいスキルが選択できるようになるはずだ。紹介したモデル図は、ダイアローグの原則やスキルがどのような場面で必要なのかを分からせてくれる。またコーチングのツールは、緊迫した会話の準備と復習に使うためのものである。これらのダイアローグの原則やスキル、ツールを使えば、緊迫した会話が上手に進められるようになる。

第11章 難しいケースの実践的アドバイス

びっくりさせられると、ちょっと打ちのめされた気分になる。

――トーマス・フラー

長い間ダイアローグ・スキルを教えるうちに、筆者たちは多くの人から次のように反論されるのにすっかり馴れてしまった。「そうは言っても、私の状況はそんなに単純じゃないですよ！」「そうは言っても、私の周りの人はとても頑固なんです。それにたいていの場合、突然問題を突き付けられて驚かされるし、不意打ちですよ」

筆者たちがダイアローグ・スキルをどんなに一生懸命伝えたところで、自分の悩みはそう安々と解決できないとばかりに、できない理由を人は何十個でも思いつく。たとえばこうだ。

・そうは言っても、誰かがこっそり何かをしたら、ムカついても誰のせいかわからない。いったいどうするんですか？

・そうは言っても、私のパートナーは今までも重要なことをまったく話してくれなかったんです。相手に力ずくでダイアローグさせるなんてできないですよ。

・そうは言っても、そんなに簡単に冷静になれないですよ。昔から怒ったままベッドに入ってはいけないと言われてきたけど、時には一人きりになるべきだと思うんですよね。どうしたらいいんですか？

・そうは言っても、相手を信頼できないのに、どうすればいいわけ？

・そうは言っても、上司や夫（妻）は私が意見するとすぐピリピリするんですよ。放っておいてはダメなんですか？

私たちが学んだダイアローグ・スキルは、あらゆる問題に応用が可能だ。しかし、これらの例はたしかにひときわ難しいものであると言えるだろう。この章では、同様に扱いにくい十七のケースを取り上げて解説してみる。

▼セクハラなどの嫌がらせ

あからさまに嫌がらせをされるというのではないのだが、私への接し方が気に障る。どうしたら相手に恨まれることなく話ができるだろうか。

▼危険な落とし穴

誰かの言葉や身振り手振りが自分には引っかかる。いつもというわけではないし、ごく些細なものなので、上司や人事担当者に相談したところで相手にしてもらえるかどうか分からない。こんなときにできることがあるのだろうか？

私たちはこのような状況に置かれると、自分にできることは何もないと思い込みがちだ。悪いのは相手でも、されたことにちょっと過剰に反応しようものなら、礼儀を重んじる社会ではふさわしくないとみなされるからだ。

一般的にこのような問題の多くは、個別に、相手への敬意を示しながら、論点を譲らずに話し合うことで解決できる。この場合あなたにとって最大のチャレンジは、相手への敬意に関することだ。長い間我慢していると、相手を悪党にするストーリーを創るだけでなく、そう思い込んでしまう。そのため相手に対する激しい感情が、ボディランゲージを通してほとばしり出るのである。

▼解決策

新しいストーリーを創ろう。寛大な気持ちになれば、相手の振る舞いに対して長い間何も言わずに放って置いたのは自分であると思えるようになる。そうすれば、（あなたが直面する実際の事例がこれとは違ったとしても）相手のことを分別のある常識的な人だと考えられるようになる。一人の人間として相手への敬意を感じられるようになったら、準備は整った。話すときはまず共通の目的を確立して、それから自分の行動へのプロセスを告げる。たとえば次のようになる。

「一緒に働くにあたって少し問題だと感じていることがあるのでお話をしたいのです。言いにくい内容の話なのですが、チームメートとしてうまくやっていくためには、お話ししておくほうが良いと思います。よろしいでしょうか？」（共通の目的を確立する）「あなたのオフィスに私が行くと、あなたが私の頭のてっぺんから足の先まで視線を動かすことがあるのです。それに隣り合ってコンピュータを見ているときに、私の椅子の背にあなたが腕を回していることもあります。あなたがそのことに気づいているのかどうかは分かりませんが、私は居心地が悪くなってしまうのです。それで、お話ししておくほうがいいのではないかと考えました。いかがでしょうか？」（プロセスを告げる）

相手に敬意を示しながら、個別に論点をしっかりと伝えれば、多くの問題が片付くはずだ。しかし当然ながら、相手の行動が一線を越えている場合には、上司や人事担当者に相談して自分の権利と尊厳を保護してもらうべきである。

▼過敏に反応する夫や妻

夫（妻）が過敏に反応するタイプのときは、どうしたらいいだろうか。建設的な意見をしようとしても相手が激しく反応するので、最後には自分が黙り込んでしまう。

▼危険な落とし穴

夫婦の場合、結婚直後の数年間に無言の取り決めが行われて、その後のコミュニケーションのスタイルが決まってしまうことがある。一方の感受性が強く、敏感すぎて意見を受け付けない場合や、逆に意見を伝えるのが下手な場合、お互いに口出ししない取り決めがなされる。たとえ問題があっても、よほどの大問題でないと話し合いが行われない。これは実質的に沈黙しているのと同じだ。

▼解決策

不愉快な問題が起きたら、早めに対処するのが鉄則だ。このような問題ではたいてい、プロセスの告げ方を知っていれば上手に話し合いができる。この夫婦を例に紹介しよう。まず、コントラスト化が役に立つだろう。「小さな問題をことさら大げさにして騒ぎ立てようとしているんじゃないわ。問題が大きくなる前に、対処しておきたいのよ」。それから、自分が見聞きした相手の行動を具体的に説明しよう。「ジミーが部屋を散らかしていると、あなたは彼の注意を引くために皮肉を言うでしょう。ブタって呼んだりするわ。そして本気じゃないさ、と知らせるかのように笑うわよね」

そして、相手の行動の結果を仮説として説明する。「でもジミーには、あなたが望んでいる効果はないと思うの。あなたの嫌味の意味を理解していないどころか、あなたのことを憎み始めているような気がして心配だわ」（自分のストーリー）。そして自分の意見への反論を奨めよう。「あなたはどう思う？」

ここで状況を見て、安心が揺らいでいたら相手を安心させよう。自分が上手に行動へのプロセスを告げたのに相手が反発したとしても、これは話し合いの余地がないなどと決めつけてはならない。反発されたら、次回はもっと工夫して再度アプローチするのだ。話の本題から離れ、可能なかぎり相手を安心させてから、再び自分の行動へのプロセスを率直に伝えてみよう。

パートナー同士がお互いに相手を思いやって意見をしてあげることを止めてしまったら、一生の親友でありコーチである人を失ってしまうことになる。お互いのコミュニケーションがより充実するように改善できる、計り知れない機会を失うことがないようにしよう。

▼約束を守らないメンバー

私のチームのメンバーは言行不一致の偽善者ばかりだ。ミーティングで改善策を話し合っても、約束どおりに行動する人は誰もいない。

▼危険な落とし穴

最悪のチームでは、メンバーが問題を避けて通る。優秀なチームでは、上司が問題を注意し改めさせる。最高のチームでは、メンバー同士が互いに説明を求め合い、問題解決する。同僚の約束違反に気づいたのが自分なら、自分から速やかに同僚と話し合いを持つ。チーム・メンバーがお互いの問題の解決を上司頼みにするのは、組織にとって危うい習慣だ。

▼解決策

あなたがチーム・メンバーのことを無責任だと感じているのなら、感じていることを相手に指摘するのはあなたの責任だ。

筆者たちがこのことに気づいたのは、ある管理職チームを観察したときのことだ。このチームは短期的な資金不足を補うために、本来は現場の担当者レベルで決済できる支出をしばらく制限することにした。この方針について話し合っている間、ミーティングは盛り上がり、成功は間違いなしと思われた。ところが次の日、出席者の一人が職場に戻るなり、向こう六カ月のコンサルティング費用を前払いしてしまった。どう見ても制限されている現場決済の支出を超える内容のものだった。

これはチームが一丸となって資金不足の問題を乗り切るか、あるいはバラバラになって窮地に陥るか、その命運を分ける瞬間だったのだ。じつは、この管理職が前払いをするところを一部始終見ていた別の管理職がいたのだが、彼は自分から彼に忠告すべきだと思わなかったのである。チーム・メンバーにアカウンタビリティを遂行させるのは上司の役目だと考えて、黙っていたのだ。上司が気づいたとき、チームの方針はすでになし崩しの状態で、多くの出費がなされた後だった。こうして資金確保のプランに対する熱意は徐々に失われ、チームは資金不足に陥った。

全員が新しい方針を受け入れるだけでは、大胆な変革や積極的な攻めは成功しない。誰かが約束を破ったときに、同僚や仲間がどう行動するかが鍵となる。ためらうことなく緊迫した会話と向き合って、即座に問題を解決しなければ、どんな戦略も足元から崩れてしまう。

▼上司のご機嫌伺いをする部下

私の部下は私が喜びそうなことしか報告しない。また、私の反対を恐れて、重要な問題の解決に積極的に取り組もうとしない。

▼危険な落とし穴

部下からご機嫌伺いをされたり、おべっかを使われたりしたときに、上司は二つの間違いに陥りやすい。問題の原因を見誤るか、頭ごなしに命令してご機嫌伺いを止めさせようとするのである。

原因を見誤る　部下を怖がらせているのは上司なのに、それを認めない。「私は人を不愉快にさせるようなことなど何もしていないぞ」。この上司は状況を見ていないのだ。おそらく自分のストレス時のスタイルも理解していないだろう。自分の話が絶対であるように話したり、さりげなく権力をちらつかせることがあるはずだ。本人がいくら否定しても、上司が部下を恐れさせ、部下がご機嫌伺いをする原因を作っているのである。

原因を見誤る別のパターンもある。前任者の亡霊が住み着いている場合だ。この場合、上司は、部下が自分の顔色を窺ったりおべっかを使うのは自分のせいだと思っている。だから部下とオープンに接するよう心がけ、部下を支援したり巻き込んで一緒にやったりと心配りをする。だが部下は、上司に対して距離を置く。部下が勝手に気を回して、上司を皇帝や独裁者のように扱うこともある。

このケースの場合、上司が対策を打つ前に、原因が自分なのか前任者の亡霊なのか、あるいは両方なのかを突き止めなくてはならない。

命令で止めさせようとする　ほとんどの上司は簡単なやり方を選ぶ。ご機嫌伺いをやめるよう命令するのである。

「私が上司だから賛成しているように見えるがね。私の意見が正しいからではなく」「もちろんです」

「ご機嫌伺いは止めて、多くの意見の中の一つだと受け止めてくれると嬉しいのだが」「おっしゃる通りにしますよ。あなたが上司ですから」

組織の中にご機嫌伺いが根強く定着していると、上司であるあなたは八方塞がりになってしまう。何もしなければご機嫌伺いは今後も続くだろう。不注意に何か言えば、あなたが予期しないところで、ご機嫌伺いをもっと続けさせる原因を作ってしまうかもしれない。

▼解決策

自分から始めよう。まず問題における自分の責任を突き止めるのだ。だが自分の直属の部下に聞いてはいけない。ご機嫌伺いをしている部下に聞いても、「上司に問題はない」と返事されるに決まっているからだ。自分をよく知る同僚に相談して、率直な意見を求めよう。自ら部下に対してご機嫌伺いをさせてしまうようなことを何かしているだろうか？　しているなら、それは何だろうか？　自分の立ち居振る舞いに対して同僚が感じている行動へのプロセスを話してもらい、問題となった自分の行動を突き止めるのだ。さらに、同僚に協力してもらって改善計画を立て、継続して意見をしてくれるように依頼しておくことだ。

もし原因が過去の亡霊（前任の上司の行動）であれば、問題をオープンにするほうがよい。グループやチームのミーティングのときに、問題を説明して意見を求めると良いだろう。ご機嫌伺いを止めるようにと命令してはならない。命令してもしょせんうまくいかないのだ。その代わりに、自由な反論を奨めよう。勇気を出して発言した人がいたら褒め、自分に反対意見を口にした人がいたら、率直さに感謝するのだ。それでも相手がダイアローグに参加してこなければ、反対のための反対を使って、自らの意見を否定してみよう。どのような発言をしてもかまわないことを伝えるのだ。必要なら自分がミーティングの場から退席して、部下に一息入れてもらうのもいい。

▼信用できない相手

さて困った、この人を信用できるか確信が持てない。この人は大切な納期を破った。もう一度信用しても良いのだろうか。

▼危険な落とし穴

私たちは、信頼できるか、できないか、二者択一で考えてしまうときがある。白黒をつけようとするのだ。しかしこのようなアプローチは極端すぎる。「深夜に外にいちゃいけないってどういうこと？　僕を信じていないの？」と、門限を決められたティーンエージャーの息子が親を問い詰めるのと同じことだ。

信頼とは無条件に得られるものではない。通常は信頼される内容も限定されるし、度合いもまちまちだ。しかも、信頼は動機と能力の二つの側面で語られる。たとえばこのようなケースだ。「あなたが心臓麻痺に襲われて助けが必要なとき、必ず私が救急蘇生装置で治療するよ。なんとしても助けたいと思っているので動機は信頼できるだろう。でも私の腕を信頼しないほうがいいな。じつは、その装置のことは何も知らないんだ」

▼解決策

信頼できるかどうかは、相手の人格がどうかではなく、内容を限定して考えることだ。基準を高くしすぎないで、すべての面で信頼できるかどうかと考えるのではなく、特定の内容に限って話を進めよう。全面的に相手を信頼する必要はないのだ。自分が安心できるために必要な、気になることを相手に伝えれば良いのである。STATEを使って、気にしていることを仮説として告げよう。「あなたが計画の素晴らしさばかりを話しているのではないかと気になります。リスクの可能性についても聞かせてもらえると安心できますが、どうでしょうか」。もし相手が本当の思いを話さずに駆け引きをするようなら、そのことについて説明を求めよう。

また、相手が信頼できないからと言って厳しく接するのも良くない。相手が、あることに関してあなたの信頼を損ねたとしても、けっして不信感を相手の人格すべてに広げてはならない。相手に信頼性が欠如していることを大げさにとらえて悪党のストーリーを創ると、そのストーリーはあなたの好ましくない行動となって表れる。相手が自分の行動を正当化する口実を与えてしまうのだ。結果的にあなたのストーリーが相手の正当化を助長させてしまう。悪循環が始まってしまうのだ。

▼真剣な話し合いをしようとしない

夫（妻）は、私が大切な話を持ち出して問題を解決しようとすると、話から逃げ出してしまう。私にできることなどあるだろうか。

▼危険な落とし穴

私たちはダイアローグにのってこない相手をやり玉にあげて、相手の人間性を非難することがある。しかしこれは問題の本質を見落としている。相手が真剣に話したがらないのは、話をしても良いことはないと考えているからだ。相手がダイアローグを苦手としているのか、あるいはあなたがそうなのか、さもなければ二人とも苦手なのかもしれない。

▼解決策

まず自分自身に働きかけよう。自分の夫（妻）は相手が誰であっても—それがダイアローグに長けた人とでも、緊迫した会話を避けるのかもしれない。仮にそうだとしても、あなたが直接働きかけられるのはあなただけだ。

初めは難しいテーマに飛び付かずに、簡単なところから始めよう。精一杯努力をして、相手を安心させるのだ。相手の様子に注意しながら、どの時点で落ち着きをなくすのか見てみよう。自分の意見は仮説として述べる。「あなたが……をするつもりでないのは分かっているけど……」。夫（妻）がどうしても個人的な話題を嫌がるようなら、行動へのプロセスを引き出せるように練習する。まず簡単なところから始めて、練習を積み重ね、徐々にすべてのダイアローグ・スキルを使うようにしていく。

あくまでも辛抱強く進めよう。相手に小言を言ってはならない。希望を失わず、暴力も使わない。話すたびに相手を攻撃したり侮辱したりすれば、相手に、あなたと話すといつも不愉快だと感じさせることになる。

反対に、いつもあなたがダイアローグにふさわしい行動を取るなら、二人の間には安心感が生まれてくる。いつか相手があなたの誘いに乗ってくるかもしれないのだ。

状況が改善してきたら、あなたの話し方について話し合うことだ。そうすればさらに改善が期待できる。このときあなたの頑張りどころは、相手が飛び付きたくなるような共通の目的を見つけ出して相手を安心させるところにある。話をする目的がなければ、相手は話をする気にならないだろう。相手が喜んで会話に飛び込んでくるような理由が必要だ。

たとえば、会話をするとどんな展開が予想されるだろうか。良いことでも悪いことでもいい。それは二人にとって何を意味するのだろうか。逆に会話をしない場合はどうだろう。二人が話したくても話しづらいと感じているテーマは何だろう。それからそのテーマについて話し合うことだ。また、お互いの話し方を改善できたらどのような利点があるかも話し合ってみよう。

話しにくいテーマそのものについて話せなくても、どのような話し方をすれば良いか、どのような話し方が良くないのかについてなら話せるかもしれない。話しやすいところから着手しよう。

▼さりげないことだがイライラする

相手はあからさまな嫌がらせをするわけではない。だから誰かに話すほどのことではないが、鼻につく。イライラするのだ。

▼危険な落とし穴

相手の行動のせいでイライラするが、それがどうして問題なのかが漠然としているとしたら、話す価値がないのかもしれない。おそらく、問題は相手の行動よりあなたの寛容性だろう。たとえば役員が「あの従業員には本当にがっかりした。彼の髪の長さを見てみたまえ」と嘆いたとする。だが問題の従業員は社外の人と会う必要がないので、髪の長さと業績は無関係だとしたら、そのことについて上司がとやかく言う筋合いはない。

では、さりげない行動だが、容認しがたいものであるならばどうだろうか。そのときは最初に自分の行動へのプロセスを逆さにたどって、相手の具体的な行動は何だったのか、それは話し合うべきものか考えなくてはならない。曖昧なストーリーに基づいて、抽象的な言葉で緊迫した会話を進めることは許されない。たとえば家族が集まるたびにあなたの兄弟がその場にいる人に嫌味を言い、皮肉たっぷりにからかうとしよう。その一つ一つはわざわざ話し合うほど深刻な出来事ではない。この場合、本当の問題は嫌味や皮肉が続くので、家族が毎回不愉快になってしまうことだ。それが取り上げるべき事実である。事実を明確にしておくことが、緊迫した会話を始める前の宿題であることを覚えておかなくてはならない。

▼解決策

自分の行動へのプロセスをスタート地点まで逆さにたどろう。相手の行動で、明らかに行き過ぎているものを特定し、事実としてメモに取る。それができたら、メモに取った行動を吟味し、その行動についてあなたが創り出したストーリーは、ダイアローグする価値があるかどうか判断する。価値があるのならば相手を安心させてから、自分の行動へのプロセスをSTATEで伝える。

▼自発的に取り組まない

職場に、言われたことしかしないチーム・メンバーがいる。問題があると何か簡単なことをやってみるのだが、それでダメならすぐに投げ出してしまう。

▼危険な落とし穴

ほとんどの場合、特別に良いことをしなくてもとがめられることはない。しかし悪い行いをすると、何かと言われる。誰かが問題を起こすと、リーダーや親はなんとしてでも対処しようとする。ところが相手の行動がそこそこだと、何を言ったらいいのか分からず途方に暮れるのだ。

▼解決策

まず、個別の事例でなく、相手の行動の全般的なパターンを問題として取り上げ、新たな高い期待値を相手に伝える。たとえば自発的に物事に取り組んでほしいならそう言う。その際に、相手が自発的でなかった具体的な事例を話す。問題が起きたとき、一度何かを試したきりですぐに投げ出した事例だ。それから期待値を上げたことをはっきり示して、もっと粘り強く、独創的に問題を解決するには相手に何が必要なのか、一緒にブレインストーミングする。

例を挙げよう。「私が出張から戻るまでに必ずこの業務を終了させておくよう、君に頼んでおいた。途中、問題が起きたので君は私に連絡を取ろうとした。ところが、私の四歳の子供にメッセージを伝えただけでその件を終わりにした。出張中の私に連絡を取るには、他にどんな方法があっただろうか」。あるいは、「どうすれば、何があれば、君ならではの独創的な代替案を考え出すことができただろうか」。

もしかすると、相手の率先力のなさを助長しているのはあなたかもしれない。だとしたら、どのような言動が原因なのか考えてみよう。この問題の後始末をしたのは自分だろうか。そうであれば、今後は相手に後始末をさせるつもりであることを話そう。業務が確実に終了するように複数の人に依頼しただろうか。もしそうならば最初に依頼した人に、早い段階で業務の進捗を知らせてくれるように伝えよう。早い時期に進捗が分かれば、明らかに人手が不足している場合でも補充できるのだから。

自生性を発揮してほしいのに、相手の行動は期待はずれだと不満を抱え込むのはやめよう。メンバーに自分の期待を伝え、手遅れになる前に責任を持って連絡してくれるよう、合意しておくことだ。

▼同じ問題を繰り返してしまう

問題が一回で終わらないので、何度も同じことを言わなくてはならない。ガミガミと小言を言い続けるか、我慢するしか方法がないように思える。どうしたらいいのだろうか。

▼危険な落とし穴

緊迫した会話がうまくいかない原因が、そもそも会話のテーマを間違えているせいだということがある。たとえば、ある人がこれまで二回遅刻したので、そのことを注意した。間もなく三度目の遅刻があり、さすがにあなたも腹が立った。しかしあなたはカッとする気持ちをこらえて、丁寧に遅刻を注意した。あなたは徐々に（意地の悪いストーリーを創り出して）怒りを溜め込んでいく。そしてあるとき暴力を使ってしまう。皮肉や辛辣な言葉を投げつけるのだ。ところがそうすると、自分のほうがバカに見えてしまう。些細なことに対して大騒ぎをしているからだ。

最初の問題（遅刻した）を繰り返し取り上げて、新しい問題（約束を破る）に触れないでいると、デジャ・ビュと同じ現象から抜けられなくなってしまう。何度も同じ状況を体験する羽目になってしまい、より大きな問題に対処できないのだ。これでは問題はまったく解決されない。

▼解決策

このようなときは、相手の行動のパターンに目を向けよう。個別の出来事に着目せず、一定期間の行動を見てみる。自分の行動へのプロセスを告げるときには、相手の行動のパターンについて話すのだ。たとえばミーティングに遅れて来た人が「こんどは遅刻しない」と言ったのであれば、次回のテーマは遅刻ではない。約束を破ったことだ。それにこちらのほうが信用や敬意に関わる大きな問題である。

時折、話しているテーマにふさわしくないほど感情的になる人がいるものだが、これはテーマを取り違えているからなのだ。実際には相手の行動パターンで悩まされているのに、いちばん最近の出来事を取り上げて話してしまう。これでは話し手の感情の激しさはテーマと不釣り合いに見えることだろう。対照的に、正しいテーマで話をするとおもしろいことが起こる。感情が静まるのだ。核心の問題、つまり相手の行動パターンについて話すほうが落ち着いていられるので、ダイアローグには効果的なのである。

個別の出来事に引きずられてはならない。あなたが解決を試みている問題が取るに足らないチャチなものに見えてしまう。広く、包括的に問題を取り上げることだ。

▼なかなか怒りがおさまらない

昔から怒ったままで眠りについてはいけないと言われてきた。それはつねに正しいことなのだろうか?

▼危険な落とし穴

一度怒り出したら、落ち着くのは簡単ではない。意地の悪いストーリーが出来上がっているし、体は戦闘準備を完了している。相手を殴らないように自分を抑えるのが精一杯だ。体にはアドレナリンが残っていて、脳が下した判断を受け入れられる状態ではない。この段階ではどうしたらいいだろうか。

ここはいったん引き下がって時間を取ったほうがいいと直感するのだが、無理やりダイアローグを続けるのがいいのだろうか。それとも母が「怒ったままベッドに行ってはいけません」と言っていたので、話に決着をつけてスッキリしてから寝るようにしたほうがいいのだろうか。

▼解決策

お母さんに言われたことは必ずしも正しいわけではない。深刻な問題を放置してはいけないという意味においては正しいが、感情的なときでも話し合うべきだという点では間違っている。このような状況ならば、「今は一人になる時間が必要だが、また後で（たとえば翌日に）話をしたい」と言ってもまったく問題はない。体内のアドレナリンが消えて脳が十分に考えられるようになってから、話を再開すれば良いのだ。双方で合意して休憩時間を取ることとは、沈黙を使うこととはまったく違う。むしろ健全なダイアローグの一例だと言えよう。

ただし、落ち着く必要があるから休憩を取れと相手に提案するのは賢明とは言えない。そんなことを言えば、相手を半人前扱いしていると思われるだろう。「十分休憩して落ち着いたら、また来てください」と言う代わりに、相手の行動へのプロセスを逆さにたどり、怒りの原因を見つけ出すべきである。

▼言い訳を延々と続ける

ティーンエージャーの息子は言い訳の天才だ。自分は悪くないという理由を必ず見つけ出す。

▼危険な落とし穴

際限のない言い訳の繰り返しに、翻弄されることがある。とくに相手があなたの指示や言いつけを嫌っているときがそうだ。さらに相手に、もっともらしい言い訳があればやらずにすませると見透かされていると、簡単に丸め込まれてしまう。

「私は息子の登校前に仕事に出かけるのですが、息子はいつも学校に遅刻するのです。最初は目覚ましが壊れた、次の日は彼に買ってやった中古車が故障したと……。彼の言い分ですけどね。その後は友達が息子を車に乗せてくれるのを忘れて、さらに頭が痛かったので新しい目覚まし時計の音が聞こえなくて、それから……」

▼解決策

「想像力の豊かな」人を相手にするときは、新たな言い訳の機先を制しておく必要がある。個別の問題ではなく、すべての問題をまとめて解決するように、相手の約束や決意を取り付けよう。この例ならば、遅刻した最初の日に、目覚ましも含めて遅刻の原因になるものすべてに対処するように約束させるのだ。自覚まし時計は問題を起こす可能性のたった一つでしかない。相手にはすべての問題、つまり遅刻への対処を求めよう。

「つまり、新しい目覚ましがあれば遅刻せずに学校に行けるということだね。それでいいよ。遅刻しないために必要なことをすべてしなさい。明日は八時ちょうどに学校に着いていると約束できるね？」

さらに言い訳が続くようであれば、いちばん最近の言い訳を取り上げるのではなく、相手の全般的な行動パターンを取り上げて話をするのである。

▼度を過ぎた反抗的な態度と失礼な行動

相手が怒っているうえに、反抗的な態度のときはどう対処したら良いのだろうか。

▼危険な落とし穴

従業員（あるいは子供）と難しい問題について話しているときは、つねに相手が一線を越えてくる可能性がある。親しい言い方が熱を帯びた議論に変わり、やがて度を過ぎた反抗や失礼な行動が始まる。

私たちが度を過ぎた反抗に遭遇することは滅多にない。そのため、ひとたびこうした行動を取られると多くのリーダーが驚いてしまい、対応策を考えるために時間稼ぎをする。相手は一線を越えた言動を取ったものの、そのままお咎めないのをこれ幸いと逃げていってしまう。さらに悪いことに、上司の取った態度は無関心の現れであると誤解されて、問題を大きくする原因となる。親の場合には驚きのあまり子供と同等の行動でやり返す傾向がある。そして子供を怒鳴ったり、ののしったりするのである。

▼解決策

相手の反抗的な態度を我慢してはならない。敬意を持ってすぐ相手の態度を話題にすることだ。それまでの話題をいったん脇にどけて、相手が今何をしたか話すのだ。失礼な態度がエスカレートして悪態や反抗的な態度になる前に、問題の芽を摘まなくてはならない。話し合いの内容への思い入れが仇になって、危険な方向へ滑り出していることを相手に知らせるのだ。「このスケジュール調整の話は、少しだけ保留しよう。私に向かって声を荒らげて、身を乗り出しながら話すのは失礼だよ。君が気にしている問題の解決を手伝いたいが、その態度が続くと解決は難しいと思うよ」

しかし、早期に問題の芽を摘むことができなかった場合には、この反抗的な態度の件を人事の専門家に話して助言を求めるべきである。

▼ひどい発言をしたことが悔やまれる

長く放置してきた問題についてあらためて話をしようとすると、とてもひどいことを言ってしまうことがある。どうしたら相手との関係を取り戻せるだろうか。

▼危険な落とし穴

私たちは自分の気に入らないことをされると、相手はひどい人だというストーリーを創り上げる。まるで不健全な会話をするための準備をしているようなものだ。しかも不愉快なストーリーを口に出さずに心の中で温めていると、さらに醜いものに変化する。放置されたストーリーが時間とともに良くなることはありえない。時間がたてば発酵し、さらに悪くなるのみだ。そしてもうこれ以上は我慢できないところまでくると、後から後悔するようなことを言ってしまうのである。

▼解決策

そもそも、自分のストーリーを押し殺してはならない。ストーリーが不愉快な内容にならないうちに、STATEを使って相手に伝えよう。すでに長時間放置してきた問題だとしても、怒りの気持ちを抱いたまま緊迫した会話をしてはならない。落ち着いて話ができるように時間を取ろう。

そのうえで、STATEを使いながら、あなたが見聞きしたことを共有する。続けて、ストーリーを仮説として話す。長い間に多くのストーリーが創られてきたはずだが、ここではいちばんシンプルで、相手を不愉快にさせないものを選んで話す。「今あなたは、皆が私を本当にバカだと思っていると言いました。その話し方で気になることがあるんです。あなたはそう言いながらにっこりと笑っていました。それを見ると、あなたは私を傷つけて楽しんでいるのかなと考えてしまうのですが、やっぱりそうなんでしょうか？」

もし、「なんてひどい人なの。あなたは私を傷つけて楽しんでいるのね。もううんざりよ！」などと、言い過ぎてしまったら謝ろう。言ってしまったことはどうすることもできないが、謝ることはできる。それからあなたの行動へのプロセスを告げるのだ。

▼個人的な問題で話しにくい

不潔な人や、あまりにも退屈で誰も近寄ろうとしない人をどうしたらいいだろうか？　こんなに個人的で話しにくい話題を持ち出せるだろうか？

▼危険な落とし穴

誰かが話しにくいテーマを伝染病のように避けて通るからといって、責めることはできない。ただ「触らぬ神にたたりなし」とばかりに、傷つけないようにそっとしておこうという態度が、正直さや勇気よりも優先してしまうのは残念なことだ。その結果本人は、有益なフィードバックを得ることなく何年も過ごすことになるのだから。

かといって、沈黙をやめて本人に話そうと決意した途端、暴力を使ってしまうことがある。あるいは、暴力を避けて遠回しにさりげなく伝えるつもりがうまくいかず、結局、嫌味な冗談や、失礼な言い方をしてしまうこともある。何も言わずに長い間放置すればするほど、メッセージを声に出すときの苦痛も大きいものだ。

▼解決策

このような場合は、コントラスト化を使って共通の目的を確立する。相手を傷つけようとしているのではない。相手にとって有益だと思えるので話したい、自分の目的は真摯なものだと伝えるのである。さらに、これは個人的な話題なので自分としては持ち出すことに気乗りがしないことも話そう。だが自分は、そのせいで相手の能力が十分に生かされていないと思うと伝えるのである。相手の悪いところを話すときは、仮説として告げる。けっして誇張したり大げさに話してはいけない。具体的な行動について話してから、解決策に進もう。この話し合いは極めて難しいだろう。相手に失礼だとか侮辱だと受け取られるような話し方は、けっしてしないように注意が必要である。

▼屁理屈をこねる

私の子供は何かと屁理屈をこねる。何かをしてはいけないと言うと、そんな注意をされたことはないと言い返す。繰り返されるとうんざりしてしまう。

▼危険な落とし穴

弁の立つ相手が言い訳を無限に考え出す場合がある。親（あるいはチームのリーダー）は言い訳に翻弄されて、好ましくない行為をしぶしぶ認めてしまう。こうした言い訳の天才たちは独創的な言い訳を作り出すだけでなく、言い訳を続けるエネルギーと意欲も持ち合わせており、最後にはあなたを疲れ果てさせてしまう。きちんとした結果が出ていないのに、彼らは怠慢な態度を咎められることがない。その一方で実直な家族（や従業員）が不公平な負担を強いられることになる。

▼解決策

これも個々の行動でなく、相手の行動パターンに注目すべき例である。想像力のある人は、次々と容認できない言葉や行動を考え出す。重箱の隅をつついては屁理屈を言う相手の行動パターンを取り上げて、仮説として話そう。人をだますことはできないのだと理解させるのである。たとえば、「妹を『バカ』と呼んではいけない」と言う代わりに、相手の行動とその結果を両方取り上げて話す。

「あなたがバカと呼ぶと妹は傷つくのよ。そんなことはしてはいけません。それから妹を傷つけることは、どんなこともしてはいけません」

直前の行動を例に取って相手に説明し、続けて結果についてアカウンタビリティ（行動と結果に対する責任）を持たせる。個々の出来事について話し合うような状況に引きずり込まれないこと。あくまで相手の行動パターンに対処しよう。

▼報告してくれない

部下はとても良い人ばかりだが、彼らのすることにはいつも驚かされる。彼らはいつも、問題が手遅れになってから私に報告するのだ。そして必ずそれらしい言い訳をする。どうしたら良いだろうか。

▼危険な落とし穴

いつも驚かされているリーダーは、自分でその状況を招いているものだ。最初に部下が「すみません。問題が起きたのです」と言って来たときに、上司は部下に注意を与える重要な瞬間を失してしまう。問題の報告を聞き、その処理をして、次の話題へと進んでしまうのだ。こうすることで部下には、「私を驚かせても大丈夫だ。妥当な理由がある場合には、問題を長時間放置して、私が来るまで待ってから報告してくれれば良い」と伝えているのである。

▼解決策

一度業務を任命したら、部下には正しい進め方は二つしかないことを明らかにしておく。部下が計画通りに進めるか、または問題が生じた場合には部下がただちにあなたへ報告するかである。問題の報告はただちに行わなくてはならない。報告を遅らせてあなたを驚かせてはいけない。他の緊急な業務が発生した場合も同様である。

「不意打ちはしない」のルールをはっきりとさせておこう。報告遅れの問題を起こして言い訳に来た最初の人には、ただちに報告の遅れを指摘する。「すぐ私に報告することになっていたはずだが、電話がなかったね。どういうことかな？」

▼ルールを何一つ守らない

相手はダイアローグの原則を何一つ守らない人だ。とくに緊迫した会話のときはひどい。

▼危険な落とし穴

ダイアローグ・スキルの熟練度を一本の線上で表示したら、多くの人は中間当たりに位置するだろう。うまくできるときもあれば、脱線するときもある。愚かな選択を避けるのが上手な人もいれば、相手を安心させるのが上手な人もいる。もちろん極端な例外もあるはずだから、天才的な会話術を備えた人もいるだろう。それと対極で、滅多にダイアローグ・スキルを使わない人もいる。このような人と一緒に働く（あるいは住む）場合、どうしたらうまくいくだろう。危険な落とし穴は、あなたが思うほどダイアローグ・スキルがひどい人ではないのに、あなたが相手の弱点にのみ目を向けることがある。またそれとは反対に、極端にスキルが乏しい人なのに、問題を一気に解決しようとすることである。

▼解決策

相手がどんなときでも、誰に対しても最悪の人物だと想定しよう。この場合、どこから問題に着手したらいいだろうか。こんなふうに喩えてみよう。象を食べるとしたらどんなふうに食べるか？　答えは「一口ずつ」だ。そのために、二つの観点から注意深く目標を絞り込む。①あなたがいちばん気に障るのは何か。「あの人はいつも最悪なことを想像して、じつにいやなストーリーを創る」など。②最も話がしやすく、取り組みやすい問題は何か。「あの人は滅多に人にお礼を言わない」など。

絞り込みができたら、取り組むテーマを一つ選ぼう。そして共通の目的を確立する。相手が関心を持つような会話の運び方を考えるのである。

「お互いに仲良く穏やかな雰囲気で過ごす時間はとても素晴らしいと思うわ。二人がそんなふうに過ごせる時間がもっと長ければいいと思うのよ。いくつかそれに役立ちそうな考えがあるんだけど、話してもいいかしら」

ＳＴＡＴＥで問題を告げ、それに集中しよう。小言を言ってはならないし、一度にすべてを解決しようとしてもいけない。「一日に一つずつ」進めるのだ。

第12章
人生を変える——着想を習慣化する

改善とは変化すること、完璧とはつねに変化することだ。

——ウィンストン・チャーチル

想像してみよう——ある日、あなたはプロレスの試合について熱弁をふるっている自分に気づいた。あまりに力が入った話し振りに自分で嫌気がさして、こう思う。「どうだろう、そろそろ教養を深めるようなことをする時期じゃないだろうか」。そして幅広く読書し、科学専門チャンネルの番組を欠かさず見るようにしようと決意する。

そのかたわら、少しシェイプ・アップをすることにした。適切なダイエットと無理のないエクササイズなら何も苦しいことはない。それに最近、仕事でバテ気味なのも気にかかるから、もう少し家族と共にゆっくりと時間を過ごすようにしよう」

幅広い教養と健康、それに家族との強い絆。これほど有意義な目標なのだから、あなたはきっと新しい決意を毎日の習慣にしてしまうだろう。

……なんてことには、まずならない。この類の自己改革が容易に進んだためしはないのだ。成功率にはかなりばらつきが見られる。では、私たちの心理に深く根付いているコミュニケーションの癖が改善できる確率はどの程度だろう。その答えは、「場合によりけり」である。なぜなら成功の確率を左右する多くの要素があるからだ。それらについて考えてみよう。

▼緊迫した会話は突然始まる

あなたが初めてミーティングの司会を任されたとする。戸惑ったりしないよう本を読んで、議題や進行スピードのことなどを事前学習した。ミーティングの当日は早めに会議室に来て、椅子を直し、マーカーのチェックをして、参加者の席に議案書を配る。参加者が到着し始めると丁寧に挨拶をして迎える。そして活気に満ちた挨拶を終えたら、一気に議案に進む。ミーティングの進行役に必要なスキルは、滑り台を滑り落りるのと同じくらい簡単なものだ。その理由はミーティングとは、誰にとってもイメージしやすいものだからだ。いつミーティングがあるのかはっきりしている。自分や他の参加者がテーブルを取り囲んで着席することもはっきりしている。

ミーティングに参加していることが、自分で分からないなんてことはありえない。しかも、ミーティングは予測可能だ。前もって計画できるし、参考資料にアンダーラインを引いて答弁の準備をしておくことも可能だ。

一方、緊迫した会話はまったく正反対で不明瞭そのものだ。いつ、どんな展開になるのか予想もできない。緊迫した会話のための会議室など存在しないし、自分の行動へのプロセスを議案書として手渡すこともない。まったく予期していないときに突然、白熱した議論に巻き込まれる。「あっ、これは緊迫した会話だ！　それならば、先週読んだ本の内容を思い出さなくては！」と考える余裕すらない。

ミーティングの議論と違って、緊迫した会話は予測がつかないから、あらかじめ参加の打診を受けることもない。たとえば「来週チームミーティングの後で行われる緊迫した会話に私を入れてもらえますか。あなたが方針決定をして私をムッとさせる会話です」なんてことは、考えられない。厄介で紛糾しがちな会話は前触れなしでやってくる。ほとんどの場合、歓迎されることはない。その場の人を驚かせ、煙たがられて始まる。

▼感情が理性を失わせる

感情も私たちの足を引っ張る。そもそも緊迫した会話を特徴づける要素の一つが感情だ。会話の内容から離れて会話の状況を見る能力と、感情の強さは反比例する。だから話の内容にのめり込めばのめり込むほど、適切な対処を考えられなくなる。大きな利害関係が絡んでいるときほど、学んだスキルを応用できる可能性が低くなる。理不尽なことだが、私たちにはどうにもならない。なぜならば、緊迫した会話に直面したせいで、私たちの体内にはアドレナリンが流れている。そんなときの私たちは、好むと好まざるとにかかわらず、必ずと言っていいほどストレス時のスタイルにはまり込んでいるからだ。

つまり、緊迫した会話は予測ができないうえに、感情にも妨害されるということだ。両方とも自己改革への大きな障害なのである。

▼惰性に流される

それ以外に私たちの変化をさえぎるものとして「筋書き」がある。ここで言う筋書きとは日常会話で私たちが使う、ひとまとめの言い回しのことだ。筋書きは社会生活の基本的な習慣に関係していて、変えるのが難しいときもある。

話し言葉の学習で私たちが最初に身につけるのは単語で、次に文節、そして筋書きと続く。筋書きを作ってひとまとめにした言葉の数が多ければ、細かく気を遣って組み合わせる必要がなくなる。したがって、毎回、文法的に正しい文章を組み立てる作業から解放されるわけだ。

しかし残念ながら、あらかじめ組み立てられた筋書きに沿って話すということは、心を自動操縦に任せているに等しい。ファストフード店に行くときのことを考えてほしい。ファストフード店にふさわしい、適切な言葉遣いなどたぶん考えないはずだ。というのも、店に入った瞬間から頭の中に筋書きが用意されているからだ。

筋書きがあると双方の立場の会話が分かる。あなたは、カウンターの向こうの人が注文は何かと聞くことが分かっている。また紙の帽子をかぶった、はつらつとした若い女性がフライドポテトはいるかと聞くのも知っている。今しがた「フライドポテトもください」と言ったにも拘らず、「フライドポテトは付けますか」と聞かれる。そこでハイと言うとどうなるかも分かっている。「Lサイズにしますか」だ。

筋書きが用意されている利点は、あまり考えずに会話できるところにある。悪い点は筋書き通りのやり取りに慣れるほど、使い慣れた筋書きから離れるのが難しくなる点だ。

たとえばファストフード店に着いたとき、妻が「ケチャップを多めにもらってね」とあなたに頼んだとしよう。あなたはカウンターに行ってこう言う。「スペシャルセット二つとお子様セットを三つ」。そして自動操縦のモードに入ってしまう。口から出てくる言葉とあなたの思考はなんらつながっていない。脳の関心はまったく別のところに向いている。だからあなたは、骨なしのバラ肉でできたサンドイッチのメニューを見ながら、あばら骨がない可哀相な動物ってどんなのだろうかなどと、意味もない物思いに耽ったりするわけだ。

そしてどうだろう。心ここにあらずのまま、言葉が次々と口から出てきて注文をするうちに、ケチャップを多めにもらうことなど忘れてしまう。脳を使わずに話しているのだから、何か期待するのは土台無理なのだ。だいたい、注文をしている間、ケチャップのことなど頭からすっかり消え去っている。今考えているのは、あばら骨のないゼリーのような動物がモオーと鳴きながら、ダリの絵を背景にして、滑るように動いている姿だ。

筋書きがあるおかげで、毎度お馴染みの会話をスムーズに進められる。そしてもっと大切な思考のために脳を解放しておくことができる。ただし、筋書きを使っているときは、あらかじめ決められたルートをスイスイと走っているわけだから、予定外のカーブを切ることはほとんど不可能である。

▼変わるチャンスはあるのか

緊迫した会話で自分が頻繁に見せる行動が何か、前述のストレス時のスタイル・テストから分かってもらえたはずだ。このスタイルを意図的に変えて望ましい行動ができる自分に変わるには、何が必要なのだろうか。

難しい会話は前触れもなくやって来て私たちをアドレナリンで満たし、慣れ親しんでいる（必ずしも好ましくない）習慣的な反応を引き起こす。これは無意識下で起きる反応で、長年繰り返されてきているから年季も入っている。だから緊迫した会話をしている人を観察すると、考えている人間というよりもゲートから飛び出してきた競走馬のように見えるわけだ。大きな音に驚いて走り出した競走馬と同じで、人は大きな利害関係と昂る感情という鞭を打たれるとドンドン加速する。そして筋書き以外の選択肢など考えもしないで、あらかじめ定められたコースを筋書き通りに走り抜ける。

▼自己改革の秘訣

日常的な筋書きを変えることが難しいとしたら、私たちにできるのはどんなことだろうか。研究を始めて間もなく、筆者たちは緊迫した会話について学習したばかりの四十八人の現場マネージャーを対象に調査をしたことがある。職場に戻った彼らを観察してみると、研修会場で学んだことをそのまま生かしている人は数人だった。大半が少しも変わらなかったことが悪い知らせだとしたら、良い知らせは変化した人が数人いたことだった。事実、この数人は学んだばかりのスキルを極めて正確に実践できた。

新しいスキルを実践できたマネージャーたちが教えてくれたのが、自分の行動を改革するための四つの原則である。

第一に内容をマスターする　これは理論を理解するだけでなく、自分用の新しい筋書きを用意することも含む。

第二にスキルをマスターする　用意した新しい筋書きを、原則にのっとって実際に使えるものにする。頭で理解するだけでは不十分なのだ。考え方の理解は役に立つし、必要なことだが、何よりも身体で学ぶ必要がある。適切な言葉を適切な口調で、適切なボディランゲージを交えて話せなくてはならない。社会生活で用いるスキルの場合、理解していることと行動していることはまったく別物である。

第三に強い動機を持つ　自分が変わりたいと思わなくてはならない。スキルの上達に関心を持ち、緊迫した会話で何とか成果を出したいと思わなくてはならない。受け身でなく、自ら変わりたいと考え、行動を起こす。自らの内的な動機を伴わなければ能力は活用されないし、休眠しているのと同じだ。

第四に合図を見逃さない　新しい行動を身につけるには、不意打ち、感情、筋書きなど緊迫した会話をうまく進めるうえでの障害を克服しなければならない。また、新しい行動を始めるタイミングを理解しなくてはならないが、これが最も難しい。刺激があっても、それをこれまでと同様の見慣れた刺激だと判断すれば、これまでと同様の反応しか示さないものだ。

問題が起きても、今こそ新しいスキルを試す機会だと理解できなければ、あなたは反射的に古い行動を開始してしまうだろう。

▼内容をマスターする

本書の内容は一度読んだだけでマスターできるものではない。読み終えるまでの時間は早かったかもしれないが、一度サッと目を通しただけで人間の行動が大きく変わることは滅多にないのだ。内容がおぼろげに分かったとしても、あなたが変われるほどの大きな弾みにはなっていないだろう。本書の内容をマスターするための方法をいくつか紹介しよう。

何かやってみる 昔デール・カーネギーは今や古典となった『人を動かす』を一度に一章ずつ読んでから、学んだことを練習してみるようにと奨めた。筆者たちもその考えに賛成だ。適当な章（ストレス時のスタイル・テストでスコアが低い章がお奨めだ）を選んで読み返してみよう。そして何日間か練習してみるのである。スキルを練習するチャンスを探し、見つけたチャンスを逃さずに練習する。自分からチャンスを見つけ出してスキルを試してみよう。それが終わったら別の章を選んで練習を繰り返す。

内容について話し合う 学んだばかりの知識は自分の言葉になっていないものだ。見たり聞いたりすればそれと分かるが、自分からそれについて話すのは難しい。知識がこなれていないため、スラスラと使える日常的な言葉遣いとして定着していない。言葉から文節を、文節から筋書きを作る作業が未完成なのである。知識を次のレベルに進化させるために、一つの章を読んで友人や家族と話し合おう。新しい考え方をスラスラとまとめて話せるようになるまで、続けてみよう。

内容を教える　本当にマスターしたいなら誰かに教えよう。教えてあげた人が別の人に教えられるようになるまで続けよう。

▼スキルをマスターする

セルフ・ヘルプ（自己啓発）の分野に関わる人々に語りつがれているエピソードがある。ベトナム戦争で捕虜となった男性が、自分の正気を保つために空想の中でゴルフを続けていた。お気に入りのゴルフコースをメンタルなイメージに描き出し、一つ一つのホールに近づいては「プレイ」して、全ホールをラウンドするのである。解放されてから彼はそのコースで実際にプレイをし、それまでの最高記録、ワン・アンダーでラウンドを終えた。友人たちがその能力に驚くと、彼は「ワン・アンダーがなぜそんなにすごいんだ？　収容所では一度もオーバーしなかったのに」と答えたのだ。
この話は、メンタル・トレーニングの潜在力を示す喩えとして繰り返し引用されている。メンタル・トレーニングの重要性はいくら指摘しても足りないくらいで、たしかに思考することも不可欠かつ重要なプロセスである。ただしここでは、実行が思考にも増して重要であることを強調したい。たしかに、メンタル・トレーニングが行動の結果にプラスの影響を与えることを示す証拠はある。しかし思考というメンタルな作業だけではだめなのだ。自分の能力を改善したければ練習が必要になる。問題に正面から向き合って、練習のチャンスを見つけよう。

友人とリハーサルする 友人とリハーサルを始めよう。同僚やチームの仲間に練習のパートナー役を頼むのだ。練習中のスキルと、あなたが直面している現実の問題を説明する（プライバシーにふれないように人物の名前は除外しておこう）。友人に相手の役を演じてもらって、リハーサルをする。
リハーサルでは正直に意見してくれるように頼んでおこう。やみくもに間違った練習を繰り返すだけでは効果が得られない。ポイントを押さえた練習をするために、友人に期待の水準を高くして意見してくれるように頼もう。そして継続的に改善を続けよう。

本番で練習する おそらくあなたは、家庭と職場の両方で緊迫した会話をすることになるだろう。また、そうでなければこの本を手に取ることはなかったのではないだろうか。読み、人に教え、リハーサルしたスキルを練習してみよう。子供のいる人なら練習のチャンスがない日など一日もないだろう。

今すぐに始めよう 自分の知識やスキルが完璧になってから実行に移そうとすると、それまでに長い時間が過ぎてしまう。リスクの小さな場面を選んで、今すぐに実践してみよう。差し迫った問題がないと新しいことを練習するのも難しいものだ。

トレーニング・コースで練習する もっと資料や練習の機会が欲しい人には、トレーニング・コースをお奨めする。職場のリーダーが中心になって進める研修や公開コースなど、トレーニング教材が豊富に揃っている（日本での連絡先は巻末資料を参照）。

▼強い動機を持つ

他人を動機付けるアイデアならいくつでも思いつくのに、どうしたわけか自分の初志を貫徹するためのアイデアは湧いてこないものだ。今は100％の確信を持ってダイアローグ・スキルを高めようと決意しているとしても、目の前に同僚が現れて、怒って自分を睨みつけた途端に意欲が萎えてしまう。さて、どうしたものだろうか。

順風満帆の状態での願い事（素直な気持ちで将来を展望したときのもの）が暴風の中でも生き延びていくためには、それなりの仕組みが必要なのだ。

インセンティブを使う 分かりやすいものから始めよう。インセンティブ（報奨）を使うのだ。セルフ・ヘルプのためのトレーニングでは、成果に応じてお金を受け取ったり払ったりするルールを使うことがある。宿題を終了できると受講料の一部が返金されたり、できないと罰金を払う仕組みだ。これによって結果が飛躍的に改善する。

上手にできたらお祝いをしよう。完璧なダイアローグにならなくても、会話が改善できたことを祝福して、自分に褒美を与えるのだ。ある話題を持ち出すと必ず激論になっていたけれど、スキルの練習を実行した今回は会話に緊張感があっただけですんだ。そんなときに祝うのである。完璧を求めるのではなく、理想に向かって進むことを目的にするほうが、自己改革は成功しやすい。

逆インセンティブを使う 逆インセンティブを使ってもいいだろう。数年前にスタンフォード大学で実施された研究を紹介しよう。体重を落としたいと考えている被験者に、その人たちが軽蔑している団体に寄付金を送る小切手を書いてもらい、しまっておく。目標を達成できないと小切手が郵送され、被験者は「核拡散を支持するアメリカ協議会」とかなんとかいう趣味の悪い団体に五百ドル寄付する仕組みだ。予想通り、逆インセンティブを使ったときのほうが成績が良かった。

公表する 自分がなぜ、どのような緊迫した会話をするつもりか、公表しよう。半世紀以上も昔、社会心理学の生みの父カート・レヴィン博士は、自分の決意を公表したときのほうが、決意を自分の胸のうちにしまっているときよりも予定通りの成果を出す確率が高いことを発見した。だからあなたも自分の目標を人に告げて、周囲からのプレッシャーを逆手に利用しよう。

上司に話す さらなる仕組みを求めるなら、自分の目標を上司に話して、支援を仰いでも良い。本気で手ごたえのあるものにしたければ、目標達成の行動計画を業績考課に組み込むこともできる。リーダーであれば業績考課の一項目として「ソフトな領域」、すなわち自己啓発や人格形成などの領域における目標を一つ掲げるように求められている人もいるだろう。そのようなときにダイアローグを選ぼう。行動計画をボーナスなどの報奨金に連動させることも可能だ。個人としての自分、家族や職場など組織人としての自分の目標をすべてダイアローグ・スキルの向上に置くのである。

結果に集中する 過去になされた社会心理学の研究の中に、私たちの未来を占うものがあるとすれば、小さな子供を対象にしたマシュマロの実験ではないだろうか。部屋にいる子供に、今マシュマロを一つだけ食べてもいいが、大人が部屋に戻ってくるまで待つことができれば二つ食べられると告げる。そしてマシュマロを子供の目の前に置いて大人は部屋から立ち去るのだ。何人かの子供はおあずけができた。すぐにマシュマロを食べてしまう子供もいた。研究者たちは調査を続けた。

続く数十年の間、おあずけができた子供たちはすぐに食べた子供たちと比べて、幸せな結婚生活、財政的な安定、そして健康などの面で格段に良い人生を送っていた。将来の大きな成功のために目の前のものを我慢する力は、成功するためのマルチなツールなのである。

おあずけができた子供たちは、どのようにして目の前の誘惑を払いのけることができたのだろうか。まず、目の前にあるとびっきり素敵なマシュマロから目をそむけたのだ。手に入らないものを視界から遠ざけ、辛い思いをしなくてもすむようにした。二つ目に、しばらく待てば一つでなく二つもらえると自分に言い聞かせ続けた。なんとシンプルなことだろう。

緊迫した会話に直面したときに、こんなものを試す価値はあるのかと擬問を感じたら、そもそもなぜ新しいことに挑戦しているのか、思い出していただきたい。より良い結果に集中しよう。そして古いやり方に身を任せたらどんな結果になるのか思い出すようにするのである。

「自分を動機づける仕組み」を考える　自分を動機づける仕組みがどのように役立つか、例で説明するのがいいだろう。たとえばあなたが今、ダイエットをしているとしよう。ダイエットはあまりうまくいっていない。お昼になってお腹が鳴り出し、たまに出かけるレストランから匂いが漂ってくると、朝一番に鉄のように堅かった意志はたちまち空気の抜けた風船のようにフニャフニャになってしまう。さて、自分の気持ちをくじけさせる邪魔者にどう立ち向かえばいいだろうか。

まだ意志が鉄のように堅い朝のうちに弁当を用意して、財布は持たずに出かけてもいいだろう。そうすれば午後になって意志がくじけても、容易にレストランからの匂いに屈服することはない。要は、意志がくじけたときでも誘惑に負けないように自分をコントロールする仕組みを作っておけばいいのである。

自信に満ちた気持ちのときに困難な会話に臨む予定を立て、メモを取り、前もって練習しておく。自分の好みに合わせてオフィスを整える。日程調整や準備が万全ならば、自分の効果性は格段に高まる。

▼合図を見逃さない

新しいスキルをすぐに思い出すような合図を用意してみよう。

関係があるものにマークをつける ストレス・マネジメントのコースでは、自分のストレスの原因と直接的な関係があるものにマークをつけるように言われる。渋滞で激しく興奮する人ならハンドルに小さな赤色のマーク、いつもせっかちな人は腕時計にマークだ。そうすれば、ストレスを自覚する手助けになるからだ。

緊迫した会話にも、合図として目に見えるマークを使うことができる。コンピュータに表示される数字があなたを極度に苛つかせるのなら、コンピュータをマークしよう。難しい議案がいつも山積みになっている会議の議案書にもマークだ。

時間を取る 新しいスキルを使わなくては、と思い出す最も良い方法は、毎日時間を取って成功や失敗を振り返ることだろう。成功ならばお祝いをしよう。反省すべき点があれば、次回は自分がこれまでにマスターしたダイアローグ・スキルを使ってベストを尽くそう。

反応を読む 自分が緊迫した会話を上手に進めているかどうかはその場で分かる。正しい軌道から外れたと思ったら、最初に戻ってやり直そう。会話の途中で合図（相手が口をきつく結んだとか、黙り込んだなど）を見つけたら、何か試してみよう。必要なら謝り、話を少し前に戻したりしながら、学習したプロセスに従って進もう。

連想させるものを掲示する モデル図を書き出し、壁に貼って毎朝見る。

連想させるものを持ち歩く カードをバッグやポケットに入れて持ち歩く。

あとがき

「ダイアローグスマート」と出会って、初めて知ったことがいくつもある。

議論に熱が入りカッカしているとき、脳は血液が不足し、まともに思考できる状態でないという。俗に「頭に血が上っている」といわれているにも関わらずである。この場面での人間は、サル並みの脳の状態になっているのだ。このサル脳状態は、これではまずいと感じた瞬間、もうダメだとあきらめたとき、アブナイと警戒心が湧き上がった場面……、つまり不安がよぎるたびに起こっているのである。

さらにこのことで、私たちの動機は瞬時に変化する。たとえば、相手と一緒に進めている業務の問題解決について話し合うという建設的な動機が、「どちらに落ち度があるのか？」というひと言で、自分を弁護しようとしたり、逆に相手のせいにしようとするよこしまな動機にすり替わるのである。しかし、この動機のすり替えは、人柄のせいでないという。人間が生命の危機に直面したとき、逃げるか戦うかを無意識に選び取る「反射」という生理的反応によるものというのだ。

このように、本書には今までの常識がくつがえされるコミュニケーションに関する解説が、いたるところにちりばめられている。

ＩＴ化やグローバル化による急激な変化により、日本にある組織の第一線の現場では、今までの成功体験が役に立たないことがたくさん起こっている。つまり、第一線で頑張る人たちは、かつて体験したことがない未知の領域の問題に直面している。

一方で、これまで多くのコミュニケーション・コースや問題解決の手法は、過去の成功体験を素早く的確に伝えることに傾倒して、全員が同じ目線で考えることを、重視してこなかった。

この状態で、職場を離れたオフサイトで、テーマにとらわれずにじっくり話し合ったり、大きなテーマについて、様々な立場の人がお互いに縛られずにゆったり語り合うことは、未知の領域で発生した問題をスピーディに解決させる意味でも、まったく新しい視点で解決策を考え出すということにおいても有効な方策にならない。

今この難問を乗り越えるために必要なことは、当事者全員がそれぞれ何を考えているのか、どんな思いでいるのかを本音で出し合うことなのである。それぞれが見たこと聞いたこと、それから導き出した評価や憶測や結論などの仮説を、皆で出しつくして共有し、それから解決策を考えるのである。

つまり「ダイアローグスマート」の対話の技術が、今の日本の第一線で求められているのだ。

私達が初めて「ダイアローグスマート」を知ったのは、トレーニング・コースの受講を通してである。以来、このコースは日本でも必要だと確信するようになり、バイタルスマート（著者たちが設立したトレーニング・コンサルティング会社）と業務提携して、日本語で提供している。

コースを受講した方からダイローグスマート・スキルの実践報告を頂くことがある。それを拝見すると、仕事上必要な人、生活のうえで欠かせない人とのギクシャクした場面で、スキルをひとつ、別の場面でまたひとつと懸命に実践しておられる姿が伝わってくる。私たちはそこに、お互いが分かり合える関係の糸口にやっとたどり着いたという喜びがにじみ出ているのを感じる。

本書は、Crucial Conversations の前翻訳書「言いにくいことを上手に伝えるスマート対話術」を改訂し、表紙のデザインも一新して出版していただきました。幻冬舎ルネッサンスの関野敬太氏、日本ユニ・エージェンシーの笹本史子氏、マクグロウ・ヒルのゴンザレス・アリソン氏、そしてバイタルスマートのマリー・マッチェスニー氏には本書出版にあたり大変ご尽力を賜りました。心からの謝意を申し上げます。

千田　彰
本多　佳苗

謝辞

この本の執筆に協力してくれた多くの人々に心から感謝を述べたい。

勤勉で独創性にあふれるバイタルスマート社の有能な同僚たち、カーラ・アレン、ジェームズ・オールレッド、マイク・カーター、ベンソン・ダストラップ、ケビン・コーガー、ケビン・シーアム、ジェド・トンプソン、ミンディ・ウェイト、イェン・ワンは素晴らしい友情で私達を支えてくれた。同僚のバーネル・クリスチャンセン、ラリー・マイラー、ベブ・ロッシュとスティーブ・ウィリスは、筆者たちの考えを実際にトレーニングしたり、自ら試行したりしながら、かけがえのない協力をしてくれた。パートナーのマイク・アレン、キャロル・ベイリー、パット・バンクス、マイク・クック、ブリント・ドリッグス、サイモン・リア、マイク・ミラー、ジム・ムノア、ステーシー・ネルソン、ラリー・ピータース、ベッツィ・ピックラン、マイク・キンラン、ロン・ラゲイン、ジェームズ・サンウィック、カート・サウザム、ニール・ステーカー、ジョー・シグペン、マイケル・トンプソンは、本書を通して数多くの組織や人々のために力を尽くしてきた。

彼らの意見やコメントから改善への多くのヒントが得られた。エージェントのマイケル・

ブローザードは、出版を通して私たちの思いを世に伝える機会を与えてくれた。また素晴らしいパートナーであり、自らもダイアローグの名手であるナンシー・ハンコックは、編集者としてその手腕を余すところなく発揮してくれた。最後に今一度、出版にあたりこれまで多くの力添えをしてくれた多くの方々に心から感謝の辞を述べたい。長年にわたり多大な協力をしてくれたクライアント、同僚、恩師、同僚の皆さんに心から「ありがとう」を申し上げます。

|| 参考文献 ||

CHAPTER 1

1. Hermann Simon, Hidden Champions: Lessons from 500 of the World's Best Unknown Companies (Boston: Harvard Business School Press,1996),195.

2. Clifford Notarius and Howard Markman, We Can Work It Out: Making Sense of Marital Conflict (New York: G.P. Putnam's Sons, 1993), 20-22,37-38.

3. Alien Beck et al., Survey of State Prison Inmates, 1991 (Washington, DC: U.S. Department of Justice, 1993), 3-5. 6,11,13,16.

4. Dean Ornish, Love and Survival: The Healing Power of Intimacy (New York: HarperCollins Publishers,1998), 63.

5. Ornish, Love and Survival: The Healing Power of Intimacy, 54-56

CHAPTER 2:

1. Olivia Barker, "4 Studies Aim to Reduce, Resolve Medical Mistakes," USA Today, Dec. 8,1999.

CHAPTER 6

1. The Arbinger Institute, Leadership and Self-deception: Getting out of the Box (San Francisco: Berrett-Koehler, June 2000), 72-74.

CHAPTER 12

1. Sydnor B. Penick, R. Filion, S. Ross Fox, Albert Stunkard, "Behavior Modification in the treatment of Obesity," Psychosomatic Medicine 33 (1971): 49-55.

2. Elliot Aronson, The Social Animal (New Y0rk: W@H. Freeman & Co., 1984), 25.

3. Youichi Shoda, Walter Mischel, and Philip K. Peake, "Predicting adolescent cognitive and self-regulatory competencies from preschool delay of gratification," Developmental Psychology 26 (1990): 978-86.

‖ 著者紹介 ‖

本書の共著者達はこれまで3冊のニューヨーク・タイムズ・ベストセラーを送りだすとともに、数々の賞を受賞してきた。

ダイアローグスマート（原著名Crucial Conversations: Tools for Talking when Stakes are High　2002年刊）

言いたいことが、なぜ言えないのか（原著名Crucial Confrontations: Tools for Resolving Broken Promises, Violated Expectations, and Bad Behavior　2005年刊）

インフルエンサーたちの伝えて動かず技術（原著名Influencer: The Power to Change Anything　2008年刊）

ケリー・パターソン
優れたトレーニング・プログラムに贈られる数々の賞を受賞したバイタルスマート社プログラムの中心的な開発者であるとともに、多くの組織改革を率いてきたコンサルタントである。2004年にはBYUマリオット経営大学院から組織行動論の分野での貢献に対して贈られる栄誉あるダイアー賞を授与された。スタンフォード大学では組織行動論の博士課程を修了した。

ジョセフ・グレニー
著名な基調講演スピーカーであり、コンサルタントである。過去20年にわたって大規模な組織改革を設計、指揮してきた。貧しい人々の経済的自立を支援するNPOユナイタスの創始者としても活躍している。

ロン・マクミラン
スピーカーとしても人気の高いコンサルタントである。コヴィー・リーダーシップ・センター創業者の一人としてR＆D部門の副社長を務めた。経営者から初任マネジャーまで幅場広い層を対象としたリーダーシップ開発やチーム開発の経験を有する。

アル・スウィツラー
著名なコンサルタントとして、またスピーカーとして数十社に上るフォーチュン500企業の経営や人材育成に関わってきた。ミシガン大学エグゼクティブ・ディベロプメント・センターでも教鞭をとっている。

バイタルスマート社のトレーニング・プログラム

本書の内容を実践的に学習するためのダイアローグスマート・トレーニングの他、バイタルスマート社のトレーニングは企業研修プログラムに贈られる多くの賞を受賞してきました。

30年の調査研究を踏まえて開発されたトレーニングは、知識を行動へ、行動を結果につなぐことをねらいとしています。いずれのトレーニングもレバレッジ・ポイントとなる重要なスキルと方法論を学習することによって、個人や組織が達成する成果を改善できるように設計されています。

ダイアローグスマート®
crucial conversations®

ダイアローグスマート・トレーニング
問題の核心を避けているせいで、本当に求める結果が出ない。そんなとき、話の内容や相手を問わず、言いにくい内容を率直かつストレートに伝え、しかも人間関係を醸成する方法を身につけるためのコースです。意見がかみ合わないときのコンセンサス作り、アイデアを埋もれさせることなく創出する、集団として意思決定し、離反者を生むことなく一致団結して行動するときに有効です。

インフルエンサー
influencer training

インフルエンサー・トレーニング
多くの組織に共通する問題の核心にあるのは何か。その原因を分析し、意識改革のみにとどまらない、持続的な行動変革をもたらす原則を学びます。解決が困難な問題を克服するためのコースです。

crucial confrontations®

Crucial Confrontations
自覚と責任のある行動を各人に求め、実践できていない相手に改善を促すためのコースです。権力に頼らない動機づけと、過保護にならないサポートの方法を学びます。
＊このコースは現在日本語による提供はありません。

バイタルスマート社紹介

組織パフォーマンスおよび人材育成分野のイノベーション企業としてチームや組織の結果にフォーカスしたサービスを展開している。30年以上前に始まった行動変容や組織パフォーマンスのリサーチは今日もなお継続され、数々の栄誉ある賞を受賞したトレーニング・プログラムの礎となってきた。フォーチュン500の6割以上が同社の顧客であり、短期間で持続可能、かつ数値にはっきりと表れる行動変化をもたらしている。同社のトレーニング受講者は全世界で二百万人を超え、急成長中の企業としてビジネス誌でも度々ランキングされている。

バイタルスマート社はすでに日本語化もされているダイアローグスマート・コース、近日予定のインフルエンサー・コースなどのコースを提供しており、レバレッジ効果の高いスキルや方法論にフォーカスを絞った組織パフォーマンスの向上を可能にしている。本書の共著者でもある同社のパートナーたちは、本書も含めて三冊のニューヨーク・タイムズ・ベストセラーを送り出してきたコンサルタントであり、人気のスピーカーである。

バイタルスマート社ホームページ
www.vitalsmarts.com/global

ダイアローグスマート
肝心《かんじん》なときに本音《ほんね》で話《はな》し合える対話《たいわ》の技術《ぎじゅつ》

2010年9月25日　第1刷発行
2012年9月10日　第3刷発行

GENTOSHA RENAISSANCE

著　者　ケリー・パターソン／ジョセフ・グレニー／
　　　　ロン・マクミラン／アル・スウィツラー
訳　者　本多佳苗／千田　彰
発行者　小玉圭太

発行所　株式会社 幻冬舎ルネッサンス
〒151-0051　東京都渋谷区千駄ヶ谷4-9-7
電話　03-5411-6710
http://www.gentosha-r.com

印刷・製本所　中央精版印刷株式会社

Printed in Japan
ISBN978-4-7790-0622-7 C0034
検印廃止